Renate Wind

Bis zur letzten Konsequenz

Die Lebensgeschichte des
Camilo Torres

Renate Wind, geboren 1950 in Hamm/Westfalen, studierte Theologie und Erziehungswissenschaft in Bethel bei Bielefeld und in Heidelberg. Nach der Promotion Vikariat in Mannheim. Sie unterrichtete als Pfarrerin viele Jahre an der Dietrich-Bonhoeffer-Schule in Weinheim. Heute lebt sie in Heidelberg und lehrt als Professorin für Biblische Theologie an der evangelischen Fachhochschule für Religionspädagogik in München. Seit vielen Jahren Mitarbeit in der Friedensbewegung und in Solidaritätsgruppen für Lateinamerika. Vorträge, Seminare und Veröffentlichungen zu sozialgeschichtlicher Bibelauslegung und Kirchengeschichte.

Lektorat Ruth Klingemann

© 1994 Beltz Verlag, Weinheim und Basel
Programm Beltz & Gelberg, Weinheim
Alle Rechte vorbehalten
Einband und Reihenlayout von Wolfgang Rudelius
Titelbild von Willi Glasauer
Gesamtherstellung
Druckhaus Beltz, 69494 Hemsbach
Printed in Germany
ISBN 3 407 80730 9

Inhalt

Prolog 7

Jorge Camilo Torres Restrepo 10
1929–1934

Über diese Zeit gibt es nichts zu sagen 18
1934–1947

Allen alles werden! 24
1948–1954

Die Wirklichkeit erkennen 34
1954–1959

Zum Aufbau des Gottesreiches beitragen 47
1959–1962

»Der Hunger ist sterblich!« 59
1962–1964

»Die Revolution ist ein christliches Gebot« 72
1964–1965

Befreiung oder Tod! 86
1965–1966

Epilog 99

Zeittafel 103
Quellenverzeichnis 106
Bibliographie 113
Bildnachweis 114

Am 17. Februar 1966 rufen die Verkäufer der Abendzeitung »El Vespertino« in den Straßen der kolumbianischen Hauptstadt Bogotá die Meldung des Tages aus: »Camilo Torres tot!« Das steht auch in großen Buchstaben auf der Titelseite, über einem Foto des erschossenen Priester-Guerilleros.
Ein Jahr lang ist Camilo Torres in den Schlagzeilen gewesen. Im März 1965, als er mit dem Programm für eine linke Einheitsfront, die Frente unido, an die Öffentlichkeit trat. Im Juli, als er, von Kardinal Concha in den Laienstand versetzt, bei einer letzten Messe konzelebrierte. Danach als Redner und Repräsentant einer Linksopposition, die für kurze Zeit eine Massenbewegung mobilisierte. Schließlich, seit dem 18. Oktober 1965, rätselt die gesamte kolumbianische Presse über das Verschwinden des revolutionären Priesters, bis am 7. Januar 1966 eine Botschaft Camilos »aus den Bergen« erscheint und ein Bild des Priesters in der Uniform der »Nationalen Befreiungsarmee« ELN. Wenige Wochen später gibt sein Tod eine letzte Sensationsmeldung her.
Die Reaktionen auf seinen Tod sind so gespalten wie die kolumbianische Gesellschaft selbst. »Ein überzeugter Marxist in klerikalem Gewand, nicht mehr und nicht weniger... Wer gegen das Recht in einem Rechtsstaat kämpft, muß damit rechnen, so umzukommen...«[1] – »Irrweg, hervorgerufen durch die Frustration eines Lebens, das berufen war, der Kirche und allen Armen und Unterdrückten zu dienen...«[2] – »Prometheus, der den Göttern die Macht des Feuers geraubt und es dem Volk übergeben hat... Das Opfer und das ruhmreiche Ende des Camilo Torres werden nie vergessen werden.«[3]
Die Entscheidung des Camilo Torres für die Guerilla und den bewaffneten Kampf ist immer zutiefst umstritten geblieben. Unumstritten aber ist bei allen, die ihn kannten, daß seine Entscheidung keiner anderen Motivation entsprang als einer

radikalen Nächstenliebe und der Verzweiflung über gesellschaftliche Strukturen, die der Verwirklichung von Gerechtigkeit und Liebe entgegenstehen. Der Weg des Camilo Torres vom Apostolat zum Partisanenkampf ist Ausdruck einer ungerechten Gesellschaftsordnung, sein Tod ein Aufruf, ihre gewaltsame Realität nicht hinzunehmen.
Camilo Torres ist bis heute lebendig geblieben. Seine politischen Analysen und Programme werden in Kolumbien gegenwärtig neu diskutiert. Für die »Kirche von unten« und die »Theologie der Befreiung« ist er der Wegbereiter der christlichen Option für die Armen, die 1968 von der lateinamerikanischen Bischofskonferenz in Medellín formuliert wurde. Dennoch gehört Camilo Torres weder der Kirche noch einer Partei und auch sicher nicht der ELN, die sich bis heute auf ihn beruft. Er wurde weit über die Grenzen seines Landes hinaus zum Symbol der Hoffnung für die Armen eines ganzen Kontinents. »Camilo Torres ist die Antwort auf den Schrei Lateinamerikas.«[4]
Camilo Torres gehört zu denen, über die man in Lateinamerika Lieder singt. Das bekannteste und schönste hat Daniel Viglietti aus Uruguay geschrieben:

> Dort, wo Camilo fiel,
> wuchs ein Kreuz empor –
> doch nicht aus Holz,
> sondern aus Licht.
> Sie töteten ihn,
> als er ging,
> sein Gewehr zu holen.
> Camilo Torres stirbt,
> um zu leben.
> Als die Kugel flog,
> heißt es,
> hörte man eine Stimme.
> Es war Gott, der rief:
> Revolution!
> Untersuchen Sie die Soutane,

Prolog

Herr General,
auch ein Priester hat
in der Guerilla seinen Platz.
Sie nagelten ihn mit Kugeln
an ein Kreuz,
sie sagten zu ihm: Bandit!
wie zu Jesus.
Als sie aber liefen,
die Gewehre zu holen,
entdeckten sie,
daß das Volk hunderttausend hatte,
hunderttausend Camilos,
bereit zu kämpfen.
Camilo Torres stirbt,
um zu leben.

Jorge Camilo Torres Restrepo
1929–1934

Camilo Torres wird am 3. Februar 1929 in Bogotá, der Hauptstadt Kolumbiens, geboren. Sein voller Name lautet Jorge Camilo Torres Restrepo. Seine Mutter heißt Isabel Restrepo Gaviria, sein Vater Calixto Torres Umaña. Diese Namen, die sich, wie in Lateinamerika üblich, aus den Familiennamen beider Eheleute zusammensetzen, geben nicht nur Auskunft über den Stammbaum der Familie. In ihnen spiegelt sich ein Stück kolumbianischer Geschichte.
Das Leben und das Schicksal des Camilo Torres, der selber in dieser Geschichte eine Rolle spielen wird, ist von Anfang an geprägt von der Tradition seiner Vorfahren, den Umañas, den Restrepos, den Gavirias, den Torres. Sie waren adelige Landbesitzer und hart arbeitende Kaffeepflanzer, angesehene Akademiker und erfolgreiche Kaufleute. Von jeher spielte die Politik eine entscheidende Rolle im Leben dieser Familien. Ein Torres war führend in der ersten Unabhängigkeitsbewegung gegen die spanische Kolonialmacht, ein aufständischer Umaña wurde 1816 von den Spaniern erschossen. Isabels Großvater Gaviria verlor ein Vermögen, als er auf der Seite der Liberalen gegen die konservative Oligarchie des Landes in den Kampf zog, ihr Vater Manuel Restrepo starb in dem »Krieg der tausend Tage«, jenem blutigen Bürgerkrieg zwischen Konservativen und Liberalen, der von 1899 bis 1902 an die hunderttausend Tote forderte.
Isabel Restrepo und Calixto Torres fühlen sich der liberalen Tradition ihrer Familien verpflichtet. Die Kirche, die sich eindeutig auf die Seite der konservativen Machteliten geschlagen hatte, ist ihnen ein Dorn im Auge. Camilo wird in eine Familie hineingeboren, die von Haus aus liberal und antiklerikal eingestellt ist. Eine Familienanekdote weiß in diesem Zusammenhang folgendes zu berichten: Ein spiritistisch »begabter« Freund habe der schwangeren Isabel prophezeit, das Kind

werde ein Junge, der sich später in der Politik oder in der Kirche einen Namen machen würde.[1] Für Isabel ist entschieden nur das erstere vorstellbar; ein Torres Restrepo als Priester – undenkbar!
Allerdings weiß man trotz solcher antiklerikalen Attitüden, was man seinem gehobenen gesellschaftlichen Status schuldig ist. In einem vom Katholizismus geprägten Land gehört die Taufe nun einmal zur Grundausstattung eines jungen Kolumbianers aus den besseren Kreisen. Und so wird der Sohn von Isabel und Calixto Torres Restrepo wenige Wochen nach seiner Geburt in einem Taufkleid aus feinstem weißen Tüll zur Kirche gebracht und auf den Namen Jorge Camilo getauft.

Camilos Familie gehört zur kolumbianischen Oberschicht. Calixto Torres ist ein bekannter Kinderarzt, Dekan der Medizinischen Fakultät und später eine Zeitlang Rektor der Nationaluniversität in Bogotá. Er ist ein typischer Vertreter jener alten kolumbianischen Familien, die im kulturellen und gesellschaftlichen Leben des Landes die Rolle der intellektuellen Elite übernommen haben. Zur Oligarchie, jenen wenigen hundert Familien von Großgrundbesitzern, die die Schlüsselpositionen in Wirtschaft und Politik innehaben, gehören die Torres nicht. Sie sind in der feudalistischen Gesellschaft Kolumbiens durch Besitz und Bildung privilegiert, aber ohne politische und ökonomische Macht.[2]
So wächst Camilo in einer Umgebung auf, die kaum berührt wird von den krassen sozialen Gegensätzen und den gewalttätigen Konflikten, die das Land von einer Krise in die andere stürzen. Die Familie wohnt in dem vornehmen Stadtviertel zwischen dem Nationalpark und der Carrera Septima, der Prachtstraße Bogotás mit teuren Geschäften, repräsentativen Banken und exklusiven Hotels. Die kleinen Villen im englischen Landhausstil könnten auch in einem besseren Londoner Vorort zu finden sein – so deutlich ist das Bemühen um einen gehobenen europäischen Lebensstil zu erkennen. Heute wird diese Gegend von Mittelschichtsfamilien bewohnt und nimmt sich im Vergleich zu den reichen Vierteln im Norden

Bogotás eher bescheiden aus. Damals aber war es eine »feine Adresse«.[3]

Doch es sind nicht nur die Architektur und der Lebensstil, die an Europa erinnern. Die Geschichte der kolumbianischen Oberschicht ist ausschließlich eine Geschichte der europäischen Eroberer und Einwanderer. Die Nachfahren der spanischen Konquistadoren, die auf die Bewahrung ihrer spanischen weißen Abstammung bedachten Kreolen, stellen seit der Unabhängigkeit vom spanischen Mutterland die gesellschaftliche Führungsschicht, obwohl sie nur zwanzig Prozent der Gesamtbevölkerung ausmachen. Mestizen und Mulatten – und damit drei Viertel aller Kolumbianer – werden seit jeher weitgehend aus den wichtigen öffentlichen Ämtern ferngehalten. Völlig am Rande der Gesellschaft leben schließlich die Nachkommen der schwarzen Sklaven und der indianischen Ureinwohner Kolumbiens.[4]

Wie sehr die Familie Torres das europäisch orientierte Kolumbien repräsentiert, wird auf einem Familienfoto aus den frühen dreißiger Jahren deutlich. Es zeigt den zweijährigen Camilo mit seinen Eltern und seinem vier Jahre älteren Bruder Fernando. Zur Familie gehören außerdem Isabels Kinder aus erster Ehe, Gerda und Edgar Westendorp. Die Kleidung, die Pose, die Selbstdarstellung – eine Hamburger Patrizierfamilie wäre nicht anders aufgetreten. Übrigens haben Isabel und Calixto in Hamburg geheiratet. »Ich habe immer alles auf den Kopf gestellt«, soll Isabel später gesagt haben. »Ich heiratete einen Deutschen in Kolumbien und einen Kolumbianer in Deutschland.«[5] Bereits mit siebzehn Jahren war sie die Ehefrau eines sehr viel älteren deutschen Geschäftsmannes geworden, der in Kolumbien sein Glück gemacht hatte. Er richtete ihr ein herrschaftliches Haus im Empirestil ein, spielte ihr Beethovensonaten vor und hinterließ ihr nach seinem Tod ein Vermögen, das der jungen Witwe den Luxus einer Europareise und einer Adresse in Hamburg erlaubte.

Hier begegnet sie 1920 dem bekannten Bogotaner Kinderarzt, der sich durch Studien an europäischen Universitäten weiter spezialisieren und profilieren will. Das frisch verheiratete Paar läßt sich vorübergehend in Paris nieder und kehrt im Jahre 1925 nach Bogotá zurück.

Die Torres kommen in ein Land, das sich im Umbruch befindet. Die »goldenen zwanziger Jahre« Kolumbiens wird man später mit dem bildhaften Ausdruck »Tanz der Millionen« bezeichnen.
Im Jahre 1921 hatten die USA dem Land 25 Millionen Dollar »geschenkt«. Sie sollten Kolumbien für den Verlust Panamas entschädigen, das sich im Jahre 1903 »unabhängig« gemacht hatte – mit Hilfe US-amerikanischer Kriegsschiffe. Diese Intervention, mit der sich die USA die Kontrolle über den Panamakanal sicherten, hatte seinerzeit zum Abbruch aller diplomatischen und wirtschaftlichen Beziehungen zwischen Bogotá und Washington geführt. Mit den Dollarmillionen, aber auch mit großzügigen Krediten, Investitionen und Außenhandelsverträgen wollte die US-Regierung mit Kolumbien wieder ins Geschäft kommen. Der damit verbundene Wirtschaftsboom bringt zwischen 1922 und 1930 über 280 Millionen Dollar ins Land und bewirkt einen gewaltigen ökonomischen Aufschwung. Die Industrieproduktion entwickelt sich und damit auch das Transport- und Kommunikationswesen. Im großen Stil entstehen Ölraffinerien, Kaffee- und Bananenplantagen. Vor allem die Kaffeeproduktion schafft die Basis für eine nationale Textil- und Konsumgüterindustrie.
Das ist jedoch nur die eine Seite der Medaille. Auf der anderen Seite wächst mit dem Reichtum auch die Armut im Land. Denn nur in wenigen wirtschaftlichen Sektoren kommen die Gewinne den Kolumbianern selbst zugute. US-Monopole wie die United Fruit Company kontrollieren den größten Teil der Bananenplantagen. Das 25-Millionen-Dollar-»Geschenk« war bereits an die Übergabe kolumbianischer Erdölvorkommen zur Ausbeutung durch nordamerikanische Konzerne gebunden gewesen. Eine Expertengruppe aus den USA berät die kolumbianische Regierung bei der Reform des Steuer-, Administrations- und Bankensystems; ihr erklärtes Ziel ist die allgemeine »Verbesserung des Investitionsklimas«.[6] Der Preis

für den Dollarsegen ist der Ausverkauf der nationalen Souveränität.

Gelohnt hat sich der »Tanz der Millionen« vor allem für die ausländischen Investoren und ihre Mittelsmänner in der einheimischen Oligarchie.[7] Für die Mehrzahl der Kolumbianer bedeutet er einen weiteren Schritt in Richtung Armut und Abhängigkeit. Industrialisierung und Plantagenwirtschaft führen dazu, daß viele Kleinbauern ihre Höfe verlassen und in den Städten, auf den Plantagen und den Erdölfeldern Arbeit suchen. Neue, arbeitskräftesparende Produktionstechniken lassen ein Heer von Arbeitslosen entstehen. Die Plantagenwirtschaft produziert gewinnbringend für den Export, während die Grundnahrungsproduktion für den inländischen Bedarf zurückgeht. Immer mehr Grundnahrungsmittel werden für die verarmten Industrie- und Landarbeiter unbezahlbar. Es ist nur eine Frage der Zeit, daß sich die unerträglichen sozialen Spannungen in einer Explosion der Gewalt entladen werden. Der »Tanz der Millionen« wird immer mehr zu einem »Tanz auf dem Vulkan«.

Die Torres gehören nicht zu denen, die von dem Boom profitieren. Aber es geht ihnen auch nicht schlecht dabei. Sie genießen die Vorteile der spürbaren Modernisierung des Lebens im Zentrum und in den besseren Gegenden Bogotás. Die Kinderarztpraxis von Calixto Torres läuft gut, und die Familie könnte ohne weiteres von seinen Einkünften leben. Aber der unternehmungslustigen Isabel wird die Rolle als repräsentierende Gattin, Hausfrau und Mutter zu eng. Sie investiert den Rest des Westendorp-Vermögens und die Ersparnisse der Torres in ein eigenes Unternehmen: das Hotel Ritz an der Carrera Septima. Bei der potentiellen Kundschaft ist ja eine Menge Geld im Umlauf; das Ritz könnte eine Goldgrube werden.

Isabel führt das Haus in großem Stil. Die Bankette im Ritz sind gesellschaftliche Ereignisse – allen voran die große Wahlkampfparty für den liberalen Präsidentschaftskandidaten Olaya Herrera am Ende des Jahres 1929.

Es ist schwer zu sagen, wie weit man sich in der Welt des Ritz der sozialen Probleme des Landes bewußt werden kann. Die reichen Viertel der Stadt bleiben von Hunger, Armut und Gewalt so gut wie unberührt. Die ständig wachsenden Elendsviertel im Süden Bogotás sind eine Welt für sich, und die Lebensbedingungen der armen Landbevölkerung sind für die städtische High-Society völlig unvorstellbar. Man will es wohl auch nicht so genau wissen.

Aber man wird in der Zeitung von den 33 000 Bananeros gelesen haben, die 1928 gegen die Hungerlöhne und die unmenschlichen Arbeitsbedingungen auf den Plantagen der United Fruit Company in den Streik traten. Man wird auch gelesen haben, daß die kolumbianische Regierung auf Bitte des Unternehmens den Ausnahmezustand verhängte und einen »Aufstand« in der Stadt Cienaga erfolgreich niederschlug.

Tatsächlich war es ein Massaker an streikenden Arbeitern und ihren Familien, dem mindestens tausend Menschen zum Opfer fielen, darunter viele Frauen und Kinder.[8] Sie hatten sich versammelt, weil die United Fruit Company die Unterzeichnung eines neuen Vertrags angekündigt hatte. Statt dessen sahen sie sich mit einer Armee-Einheit konfrontiert und mit einem neuen Gesetz, das die gewaltsame Auflösung ihrer Versammlung erlaubte.

»Nach Verlesung des Gesetzes löste ein Hauptmann inmitten eines ohrenbetäubenden Protestpfeifens den Leutnant... ab und gab mit dem Grammophontrichter ein Zeichen, daß er zu sprechen wünsche. Die Menge verstummte.

›Señoras und Señores‹, sagte der Hauptmann mit leiser, langsamer, etwas müder Stimme. ›Sie haben fünf Minuten, auseinanderzugehen.‹

Das Pfeifkonzert und das verstärkte Geschrei übertönten den Trompetenstoß, der den Beginn der Frist verkündete. Niemand rührte sich.

›Die fünf Minuten sind vorbei‹, sagte der Hauptmann im gleichen Ton. ›Noch eine Minute, dann wird geschossen.‹

... Der Hauptmann gab den Befehl zum Feuern, und vierzehn Maschinengewehrnester antworteten. Doch alles schien nur

eine Posse zu sein. Es war, als seien die Maschinengewehre mit Platzpatronen geladen, denn man hörte zwar ihr keuchendes Geknatter, man sah ihr weißglühendes Spucken, aber man merkte nicht die geringste Reaktion, nicht eine Stimme, nicht einmal ein Seufzen in der festgefügten Menge, die von augenblicklicher Unverwundbarkeit versteint schien. Plötzlich... zerriß ein Todesschrei den Zauber: ›Aaaay, meine Mutter.‹ Und nun brach inmitten der Menge mit unheimlichem Druck eine Erdbebenkraft aus, ein vulkanischer Atem, ein Weltuntergangsgebrüll.«[9]
Mit dieser Szene aus Gabriel García Márquez' Roman »Hundert Jahre Einsamkeit« hat das Massaker von Cienaga Eingang in die kolumbianische Literatur gefunden.
Damals wird die erbarmungslose Realität dieses Ereignisses kaum zu jenen vorgedrungen sein, die an der Carrera Septima wie auf einem anderen Stern lebten. Allenfalls wird dort von der Niederschlagung einer kommunistischen Verschwörung die Rede gewesen sein.
Daß es überhaupt Streiks und Demonstrationen gibt, beunruhigt allerdings. Auch, daß die 1926 gegründete Revolutionäre Sozialistische Partei immer mehr Zulauf erhält, daß sich Land- und Industriearbeiter zu Gewerkschaften zusammenschließen, gibt zur Sorge Anlaß. Immer deutlicher wird, daß die feudale Gesellschaftsstruktur und die konservative Machtelite den Problemen einer kapitalistischen Wirtschaftsordnung nicht gewachsen sind. Auch die aufgeklärten liberalen Kreise der Mittel- und Oberschicht besinnen sich auf ihre politische Verantwortung und ihr soziales Gewissen. Ihnen wie den weniger radikalen Arbeitern und Angestellten bieten sich die Liberalen als die Partei der Reform und des sozialen Fortschritts an. Olaya Herrera tritt mit einem Programm an, das aus Kolumbien eine bürgerliche Demokratie machen will, einen föderalistisch organisierten Wohlfahrtsstaat.
Auch die Torres unterstützen dieses Programm – mit Erfolg. Wenige Wochen nach der legendären Wahlkampfparty im Ritz gewinnt Herrera die Wahl zu Beginn des Jahres 1930. Er ist der erste liberale Präsident nach fünfzig Jahren konservativer

Herrschaft. Ein Repräsentant der neuen bürgerlichen Elite wird dieses Ereignis später so kommentieren: »Es wurde keine Wahl gewonnen, sondern es ging eine Welt zu Ende... Die Priester beobachteten in ihren Kirchspielen ein erschrecktes Schweigen. Das Mittelalter war soeben gestorben.«[10]

So wird Camilo in eine Zeit hineingeboren, in der viele Kolumbianer mit großen Hoffnungen in die Zukunft blicken. Für die Torres verbinden sich mit der Wende ganz persönliche Erwartungen: Calixto Torres soll den Posten eines Generalkonsuls in Genf erhalten.

Ende 1930 ist die Familie auf dem Weg nach Europa – wohl auch auf der Suche nach einem Neuanfang. Denn das Ritz ist pleite und die Ehe der Torres in einer Krise.

Stabilisieren wird sich ihr Verhältnis auch in Europa nicht. Immer wieder trennt sich Isabel von ihrem Mann. Camilo und sein Bruder reisen jedesmal mit – von Genf nach Brüssel, von Brüssel nach Barcelona. Ende 1934 kehren die Torres mit Fernando und dem knapp sechsjährigen Camilo endgültig nach Kolumbien zurück, mit der festen Absicht, dort alles wieder in Ordnung zu bringen: die Ehe, die Familie, das Land.

Über diese Zeit gibt es nichts zu sagen
1934–1947

Als die Torres 1934 nach Bogotá zurückkommen, ist »die Revolution auf dem Marsch«. Unter dieser Bezeichnung setzt die neue liberale Regierung unter Alfonso Lopez Pumarejo ein soziales und wirtschaftliches Reformprogramm in Gang. Lopez Pumarejo gilt als der Vater der bürgerlichen Reformpolitik in Kolumbien. »Als Revolution auf dem Marsch bezeichnete er die notwendige Aufgabe eines Staatsmannes, alles das mit friedlichen und verfassungsmäßigen Mitteln durchzuführen, was eine Revolution mit Gewalt gemacht hätte.«[1] Eine Agrarreform soll für gerechtere Bodenverteilung sorgen, eine Verfassungsreform führt die Trennung von Staat und Kirche durch. Die Arbeiter erhalten das Streikrecht, Frauen das Recht, ihre finanziellen Angelegenheiten ohne ihren Ehemann zu regeln.
Auf diese Weise wird der soziale Zündstoff erst einmal entschärft. Die 1929 aus der Revolutionären Sozialistischen Partei hervorgegangene Kommunistische Partei Kolumbiens unterstützt den Kurs der Regierung ebenso wie die radikale Bewegung für Gewerkschaftseinheit UNIR, die als Reaktion auf das Massaker von Cienaga von dem linksliberalen Anwalt Jorge Eliécer Gaitán gegründet worden war. Für kurze Zeit scheint sich die Lage in Kolumbien zu stabilisieren.
In dieser Hinsicht sind die ersten Jahre, die Camilo bewußt in Bogotá erlebt, eine ziemlich ruhige Zeit. Bis zu seinem achten Lebensjahr wird der leicht kränkelnde Junge von einer Hauslehrerin unterrichtet, danach tritt er – man legt ja Wert auf eine standesgemäße »europäische« Erziehung – in das Colegio Alemán, in die Deutsche Schule in Bogotá ein.
»Dort verbrachte er seine ersten Grundschuljahre, bis diese Schule infolge des Krieges geschlossen wurde. Das war die Zeit des zweiten Weltkrieges, und ich entsinne mich, daß am ersten Schultag ein deutsches Kind Camilo gegenüber schlecht

von Kolumbien sprach, was er damit beantwortete, daß er dem anderen gleich ein paar Zähne einschlug... als Kind war er sehr leicht reizbar«, berichtet Camilos Mutter später.[2]
Camilo ist ein hübscher Junge, aber ein unruhiger Geist, ein ausgesprochen liebenswürdiges Kind, aber innerlich und äußerlich nicht gerade in stabiler Verfassung. Das liegt sicherlich nicht zuletzt an der häuslichen Situation. Während im Lande relative Ruhe herrscht, findet zwischen Isabel und Calixto Torres der reinste Ehekrieg statt. Es geht vor allem ums Geld, mit dem Isabel nach Meinung ihres Mannes zu sorglos umgeht. Sicher aber spielen auch die unterschiedlichen Temperamente und Erwartungen der Eheleute eine Rolle. Calixto, der als penibler und ängstlich besorgter Mensch geschildert wird, dessen persönliche Lebensführung durch und durch konservativ gewesen ist, kommt mit seiner temperamentvollen und abenteuerlustigen Frau immer weniger zurecht. Isabel wiederum lehnt sich immer mehr gegen die Regeln der südamerikanischen Männergesellschaft auf, nach denen die Frau dem Mann »untertan« sein soll.
Immer wieder werden die Kinder in die Auseinandersetzungen mit einbezogen. Die beiden älteren, Edgar und Gerda, verlassen entnervt das Elternhaus. Camilo und Fernando dagegen erleben die »Szenen einer Ehe« aus nächster Nähe mit – bis die Eltern sich 1937 zur endgültigen Trennung entschließen. Die beiden Söhne bleiben bei der Mutter. Über ihre Erziehung verständigen sich die Eltern fast nur noch über das Telefon.[3]
Die Trennung der Torres und die reichlich emanzipierte Lebensführung der Isabel Torres Restrepo ist in der Folgezeit Stadtgespräch in den besseren Kreisen Bogotás. Isabel, die übereinstimmend als außerordentlich starke Persönlichkeit beschrieben wird, unternimmt die verrücktesten Sachen, um sich und den Söhnen auch weiterhin einen gehobenen Lebensstandard zu sichern. Sie fertigt französische Hüte an und verkauft sie den Damen der High-Society als Pariser Modelle. Eine Zeitlang betreibt sie eine kleine Milchfarm in der Umgebung von Bogotá. All das und die Fürsorge des Vaters

bewirken, daß es Camilo an nichts fehlt – außer an einem geordneten Familienleben. Das wird es übrigens seinen späteren Gegnern leicht machen, die »Tragödie des Camilo Torres« aus den zerrütteten Familienverhältnissen seines allzu liberalen Elternhauses zu erklären[4] – so als wäre die Biographie Camilos nicht aus den politischen und sozialen Problemen Kolumbiens, sondern aus der Abkehr von der Kirche und einer gut katholischen Familienmoral entstanden.

Tatsächlich wird Camilo zunächst einmal keineswegs aus der Bahn geworfen. Er besucht das angesehene Liceo Cervantes, gibt dort eine Schülerzeitung heraus – »El Puma. Eine wöchentliche Tageszeitung, erscheint monatlich« – und ist, jedenfalls wenn er will, ein guter und erfolgreicher Schüler. Nichts deutet darauf hin, daß er die Institution und ihre Bildungsinhalte selbst in Frage gestellt hätte.

Was lernt ein junger Kolumbianer auf einem Bogotaner Elitegymnasium? Welche Ideale und Traditionen werden ihm vermittelt?

Natürlich feiert man jedes Jahr den 12. Oktober, den Kolumbus-Tag, der damals noch »dia de la raza«, »Tag der Rasse«, heißt.[5] Mit dieser Bezeichnung wird das europäische Selbstbewußtsein und die Arroganz der herrschenden Schicht noch einmal auf den Punkt gebracht. Für sie ist der 12.10.1492 der »Geburtstag der neuen Welt« – so als hätte es dort nicht schon lange vorher eine bewohnte und kultivierte Welt gegeben. Entsprechend werden die Entdeckung und Eroberung des amerikanischen Kontinents als Beginn der eigenen Geschichte angesehen und die Eroberer als Bringer der Zivilisation und des Christentums.

Die besiegten indianischen Völker gehören nicht zur historischen Tradition des weißen Kolumbien. Sie sind nicht nur durch die spanische Eroberungs- und Ausrottungspolitik physisch fast vollständig vernichtet worden – sie sind auch aus dem öffentlichen Bewußtsein verschwunden. Das Nationalmuseum in Bogotá, das damals wie heute zum Pflichtprogramm höherer Schüler gehört, gibt davon ein beredtes Zeugnis. Die nationale Geschichte wird ausschließlich durch weiße Politiker und Generäle repräsentiert, deren Portraits in langen Reihen an den Wänden hängen. In dem Saal, der sich »Begegnung der Kulturen« nennt, findet man außer dem Brautkleid einer Indioprinzessin nichts, was an die Kultur der kolumbianischen Indios erinnert. Statt dessen kann man sich die Waffen der‘ Eroberer besehen und die Gemälde, auf denen ihre siegreichen Schlachten dargestellt sind.[6] Es war in der Tat die einzige Art und Weise, in der die Konquistadoren einer fremden Kultur begegneten.

Tatsächlich war die »Entdeckung« Lateinamerikas nichts anderes als ein europäischer Plünderungsfeldzug, der in anderthalb Jahrhunderten etwa hundert Millionen Menschen das Leben kostete, der ganze Völker ausrottete und ihre Kultur vernichtete.[7] Die Eroberung Kolumbiens, die 1499 von der Nordküste her erfolgte, haben in manchen Regionen nur zehn Prozent der indianischen Ureinwohner überlebt.[8]

1503 hieß es in einem Erlaß der spanischen Königin Isabella von Kastilien, daß alle Indios, die »sich weigern, unsere Männer anzuhören, sich in unserem katholischen Glauben unterweisen zu lassen und sich in meine Dienste zu begeben«, gefangengenommen und verkauft werden können.[9] In der Praxis des spanischen Gouverneurs in Kolumbien und seiner Söldner sah das so aus:

»Die unseligen Spanier schlichen sich wie Diebe heimlich zu einem Ort... und da sie allein waren bei Nacht, riefen und verkündeten sie das Edikt auf diese Weise aus: ›Kaziken und Indier... euch allen wird zur Kenntnis gebracht, daß es einen Gott, einen Papst und einen König Kastiliens gibt, der aller dieser Länder Herr ist. Kommet sogleich herbei und schwöret den Eid der Untertänigkeit. Und so ihr dies nicht tun werdet, verkünden wir euch den Krieg und werden euch in Gefangenschaft nehmen.‹ Und so, zur Zeit der vierten Wache, da diese armseligen Angeschuldigten vom Schlafe noch befangen, stürzten sie mit Fackeln in den Ort, steckten Häuser in Brand, die meistens aus Stroh waren, und vertilgten auf solche Art die Männer, Frauen und Kinder, ehe sie dessen gewahr wurden. Wen sie wollten, erschlugen sie auf der Stelle. Solche aber, die sie lebendig gefangengenommen hatten, wurden mit Martern gezwungen zu bekennen, wo sie das Gold verbergen, das nicht zu Hause gefunden ward.«[10]

In diesem schonungslosen Bericht des Dominikanerpriesters Bartholomé de las Casas, der sich von einem adeligen Konquistador zum Beschützer und »Vater der Indios« bekehrte[11], wird das eigentliche Motiv der christlichen spanischen »Mission« deutlich: die Suche nach Gold. Man hoffte, in Kolumbien das sagenhafte »El Dorado«, das Goldland, zu finden. Schon Kolumbus hatte in seinem Reisetagebuch immer wieder die Hoffnung auf Goldfunde zum Ausdruck gebracht: »Gott helfe mir in seiner Barmherzigkeit, dieses Gold oder besser jene Goldminen zu finden.«[12] Daß es tatsächlich Gold und auch eine entwickelte Goldverarbeitung gab, wurde den indianischen Völkern zum Verhängnis. Las Casas faßt zusammen: »Die einzige und wahre Grundursache, warum die Christen eine so ungeheure Menge schuldloser Menschen ermordeten und zugrunde richteten, war bloß diese, daß sie ihr Gold in ihre Gewalt zu bekommen suchten.«[13]

Es steht zu vermuten, daß diese Seite der Entdeckung Amerikas nicht in den Lehrplänen des Liceo Cervantes vorgesehen war. Statt dessen wird sehr viel von den Vätern des modernen Kolumbien die Rede gewesen sein, von Simon Bolívar und Francisco Paulo de Santander und der Schlacht von Boyacá, in der am 7. August 1819 das spanische Kolonialheer vernichtend geschlagen wurde.

Dieser Teil der Geschichte Kolumbiens wird Camilo sicher interessiert haben, denn es ist ja auch die Geschichte seiner eigenen Vorfahren. Für die Geschichte und die Geschicke der indianischen Urbevölkerung, der »Indigenas«, hat er keine Antenne, auch später nicht, als er die Seiten wechselt und Partei für die Opfer ergreift. Diese wird er – wie übrigens auch die Arbeiterbewegung – unter der sozialen Kategorie der ausgebeuteten Klassen wahrnehmen und verteidigen. Die Notwendigkeit der Rettung bedrohter Indiovölker ist zu Camilos Zeit noch nicht einmal in das Bewußtsein der revolutionären Opposition gedrungen. So wird Camilo auch als Revolutionär

ein Vertreter des weißen Kolumbien sein, und seine Freunde werden auffällig oft sein aristokratisches europäisches Aussehen betonen[14] – es war eben doch etwas Besonderes, daß so jemand, der es wirklich nicht nötig hatte, sein Leben für die Sache der Armen einsetzte.
Aber noch ist es nicht soweit. Vorerst genießt Camilo alle Vorrechte und Vorzüge seiner Herkunft. 1947 legt er ein glänzendes Abitur ab und immatrikuliert sich an der Juristischen Fakultät der Nationaluniversität in Bogotá. Er wird Mitarbeiter der kritisch liberalen Intellektuellenzeitung »La Razón« (Die Vernunft). Er ist ein ausgezeichneter Sportler und ein Abenteurer, der mit einem selbstgebauten Bananenstaudenfloß den Rio Magdalena hinunterfährt. Vor allem aber ist er, ein guter Tänzer und charmanter Unterhalter, auf allen Bällen und Empfängen der Bogotaner High-Society zu finden. Unberührt von den Erschütterungen des alten Europa, das gerade in den Trümmern des zweiten Weltkrieges untergegangen ist, und unberührt auch von den ersten Vorzeichen eines Bürgerkriegs im eigenen Land, amüsiert man sich dort in einer Art »Bogotaner Version des dolce vita«[15]. Die Familie Torres ist davon keineswegs ausgeschlossen. Camilo verkehrt in den besten Familien, auch in dem Haus des konservativen katholischen Abgeordneten José Antonio Montalvo, mit dessen Tochter Luisa er sich verlobt.
Mit seinen achtzehn Jahren ist Camilo Torres schon beinahe ein gemachter Mann. Eine Karriere als angesehener Rechtsanwalt, Professor oder Politiker ist ebenso in Sicht wie eine standesgemäße Ehe. Doch wirklich Wichtiges, Lebensentscheidendes ist bis dahin offenbar nicht geschehen, und wohl auch nichts, was dem jungen Camilo als ein eigener, selbst gewählter und verantworteter Weg erschienen wäre.
Maria Cristina Salazar, eine Jugendfreundin und spätere Mitstreiterin Camilos, die wie er auf die Privilegien ihrer Herkunft verzichten und eine neue Sinngebung im politischen Engagement finden wird, sagt später über diese Jahre: »Wir waren jung, und wir haben uns amüsiert. Mehr gibt es über diese Zeit nicht zu sagen.«[16]

Allen alles werden!
1948–1954

An einem Tag im Frühjahr 1948 verläßt Camilo heimlich sein Elternhaus. Seiner Mutter hinterläßt er einen Brief mit der Mitteilung, er sei auf dem Weg zum Dominikanerkloster in Chiquinquirá. Er wolle in den Orden eintreten.
Was ist geschehen? Durch Luisa Montalvo, seine Verlobte, hat Camilo französische Dominikaner kennengelernt. Das Christentum, das sie vertreten, ist etwas völlig anderes als das, was ihm bisher unter dieser Bezeichnung begegnet ist.
Bis dahin hatte Camilo von Religion und Kirche nicht viel gehalten. Für ihn wie für viele andere kritische Intellektuelle war die katholische Kirche Kolumbiens mit ihrem extrem konservativen Klerus ein Hort geistiger Bigotterie, ihr Ritus nichts anderes als eine Zeremonie zur Ausgestaltung familiärer und gesellschaftlicher Feierstunden. Nun aber sind ihm Christen begegnet, bei denen sich intellektuelle Offenheit und Brillanz mit einem überzeugenden persönlichen Lebensentwurf verbinden.
Der französische Katholizismus hatte in der Kriegs- und Nachkriegszeit in besonderem Maße auf die politische und geistige Krise Europas reagiert und neue Antworten auf die sozialen und ideologischen Herausforderungen einer säkularisierten Gesellschaft zu formulieren versucht. Theologen wie Jacques Maritain und Teilhard de Chardin, die einen ersten Dialog mit Sozial- und Naturwissenschaften unternahmen und in ihr Denken integrierten, beeindruckten auch solche Menschen, die sich von den traditionellen Kirchen abgewandt hatten. In den intellektuellen Zirkeln Bogotás findet das »neue Denken« in der Theologie ebenfalls aufmerksame Zuhörer und interessierte Gesprächspartner.
Camilo ist von den französischen Ordensleuten tief beeindruckt. »Er sagte selbst, er habe in den Predigten der Franzosen etwas Neues entdeckt. Sie bedienten sich einer anderen

Sprache und näherten sich den Menschen und der Welt auf ehrliche Art und Weise. Nach seinen eigenen Worten verwandelte sich für ihn die Abwesenheit Gottes in dessen Anwesenheit.« So schildert Germán Guzmán Campos, Priester und Soziologe, den Beginn der Bekehrung seines späteren Freundes Camilo Torres.[1]

Für Camilo ist diese Bekehrung kein plötzlicher Schock, sondern ein allmählicher Prozeß innerer Umkehr. Er beginnt, über Gott, den christlichen Glauben und den Sinn seines Lebens nachzudenken. Anfang 1948 nimmt er an Exerzitien teil, die die Dominikaner in den Llanos, der tropischen Ebene im Osten Kolumbiens, abhalten. Diese geistlichen Übungen, die der Besinnung dienen, aber auch so etwas wie Lebenserforschung in der Begegnung mit sich selbst und mit Gott ermöglichen sollen, stehen unter dem Motto: Allen alles werden!

Allen alles werden – das ist das Ideal des katholischen Priesters. Camilo fühlt sich von diesem Lebensmotto angesprochen. Er spürt, daß es ihm die Orientierung und Sinngebung anbietet, die er bisher vermißt hat.

Darüber gibt vor allem ein Gespräch Aufschluß, in dem Germán Guzmán seinen Freund später über die Gründe seiner Umkehr befragte: »»Waren es familiäre Umstände, Enttäuschung in der Liebe, innere Leere oder vorher unterdrückte religiöse Gefühle, die dich dazu bewegten?‹ – ›Eigentlich von jedem etwas‹, antwortete er mir, ›... die Weite und Stille, die Üppigkeit der Tropen und die Sonne – das alles beeindruckte mich tief... Damals begriff ich, daß dem Leben, so wie ich es auffaßte und bisher gelebt hatte, der Sinn fehlte. Ich dachte darüber nach, wie ich nützlich sein könnte, nützlicher für die menschliche Gemeinschaft. Wo und wie konnte ich am nützlichsten sein? Das war meine Frage. Als Arzt, Rechtsanwalt, Ingenieur, Chemiker? Nichts von allem ... Die unendliche Weite der Llanos ließ mich zu Gott finden. Priester, das war die Lösung. Mir schien es die vollkommenste, die einzige logische Lösung zu sein. So kehrte ich nach Bogotá mit dem Vorsatz zurück, in das Kloster der Dominikaner einzutreten.‹«[2]

Gegenüber einem französischen Journalisten faßt Camilo einmal die Motive seiner Entscheidung so zusammen: »Ich entdeckte das Christentum als einen vollständig auf die Nächstenliebe konzentrierten Weg. Mir wurde klar, daß es sich lohnte, sich dieser Liebe in diesem Leben zu verpflichten. Ich wählte den Priesterberuf, um Diener der Menschheit zu werden.«[3]

Die radikale Nächstenliebe wird Camilos umfassendes Lebensmotto. Es wird immer wieder auftauchen, auch in seinen politischen Schriften und Reden, bis zuletzt. Doch zunächst einmal bewirkt es im Leben des achtzehnjährigen Studenten einen totalen Richtungswandel.

Offenbar zögert er nicht, seinen Entschluß in die Praxis umzusetzen. Er löst seine Verlobung und packt seine Koffer. Es ist kein offener Aufstand gegen die Familie und ihre Herkunft. Camilo liebt seine Eltern und weiß, was er ihnen zu verdanken hat. Aber Lebensorientierung und innere Stabilität haben sie ihm nicht vermitteln können und wohl auch nicht vorgelebt. Nun hat er in der Nächstenliebe ein Prinzip gefunden, das ihn selbst und die Welt »im Innersten zusammenhält«. Ihm will er folgen. Und damit beginnt er seinen eigenen Weg.

Seine Mutter ist entsetzt, als sie die Nachricht vorfindet. Im Bogotaner Freundes- und Bekanntenkreis wird kurz darauf folgendes kolportiert: Isabel sei zum Bahnhof gelaufen und habe ihren Sohn in letzter Minute von seinem Vorhaben abgebracht; angeblich hat sie sich vor den Zug gestellt, um die Abfahrt Camilos zu verhindern. Sie selbst gibt später zu, sie habe ihn mit Gewalt zur Umkehr bewegt, und stellt zugleich selbstkritisch fest: »Ich glaube, das war ein Fehler von mir, denn die jungen Männer, die zu den Dominikanern gegangen waren, kamen nach drei Monaten schon zurück, und der einzige, der schließlich Priester wurde, war Camilo.«[4]

Nach heftigen Auseinandersetzungen wird ein Kompromiß geschlossen. Camilo verzichtet auf den Eintritt in den Orden. Statt dessen tritt er in das Bogotaner Priesterseminar ein, in dem die nicht an einen Orden gebundenen Weltpriester ausgebildet werden. Das Seminar liegt im gleichen Stadtviertel wie die Wohnung der Familie, inmitten gepflegter Parkanlagen. Der Schritt in das Seminar, so hofft Isabel, führt in mehrfacher Hinsicht nicht ganz so weit weg – und ist vielleicht auch eher wieder rückgängig zu machen.

Obwohl die Kurse schon begonnen haben, wird Camilo von dem Rektor des Seminars, Monsignore José Manuel Diaz, der wohl auch ein Gespür hat für die Besonderheit dieses »Falles«, in das laufende Semester hinein aufgenommen. Natürlich fällt Camilo von Anfang an aus dem Rahmen. Er ist älter als die anderen, ein »Spätberufener«, der sich um so klarer seiner Entscheidung bewußt ist. Viele seiner Mitseminaristen sind um Jahre jünger, denn das Priesterseminar ist keine Universität, sondern eine höhere Schule, die direkt für den Priesterberuf ausbildet. Entsprechend ist das Seminar die einzige Chance für begabte Jungen aus der Mittelschicht, etwas »Besseres« zu werden. Nur acht Prozent der Seminaristen kommen aus der Oberschicht. Für diese Kreise kommt der Priesterberuf eigentlich nur in Verbindung mit einem gehobenen Posten innerhalb der kirchlichen Hierarchie in Frage.[5]

Pater Raoul Mendez, der mit Camilo zusammen das Seminar besuchte, hat einige sehr persönliche Erinnerungen an ihn bewahrt. Er erzählt: »Camilo sah man sofort seine vornehme Herkunft an. Er war eine elegante Erscheinung, ganz im Gegensatz zu der Mehrzahl der Seminaristen mit ihren klobigen Schuhen, den abgetragenen Kleidern und dem unmodischen Haarschnitt. Camilo trug unter der Soutane weiße Manschetten mit goldenen Manschettenknöpfen, er sah gut aus mit seinen langen schmalen aristokratischen Händen...«[6]

Ein privilegierter Paradiesvogel also, dem man alle möglichen Sonderrechte gestattet? Selbst wenn es möglich gewesen wäre – Camilo will gerade das nicht. »Nach drei Tagen waren die Manschetten verschwunden.«[7]

Camilo will keine Sonderbehandlung. Er integriert sich freiwillig mehr, als von ihm erwartet wird. Alle Seminaristen haben die gleiche kleine Zelle mit einem Bett, einem Stuhl und einem Tisch. Dabei ist es erlaubt und wohl auch üblich, daß sich die Söhne aus reichen Familien mit zusätzlichem Komfort von zu Hause einrichten. Camilo lehnt das ab. Mit einer Art asketischer Begeisterung entledigt er sich der Privilegien seiner Vergangenheit.

Pater Mendez betont, Camilo sei es mit seiner Entscheidung sehr ernst gewesen. Diese Ernsthaftigkeit des Engagements habe auch ihre Freundschaft begründet – sie seien vor allem verbunden gewesen durch ihre Frömmigkeit und Intellektualität. »Wir haben außerordentlich viel gebetet und philosophiert. Camilo schob regelmäßig Karteikärtchen durch die Tür, um mich an besondere Gebetsanliegen zu erinnern.«[8]

Im Gegensatz zu ihm sei Camilo aber zugleich sehr humorvoll gewesen und habe anderen gerne Streiche gespielt. Bei der Arbeit sei er jedoch sehr konzentriert und diszipliniert gewesen. Er habe eben alles mit ganzem Einsatz gemacht.

Es ist sicher wichtig, diese Wesenszüge Camilos festzuhalten. Denn immer wieder haben später konservative Kleriker versucht, ihn als einen für den Priesterberuf ungeeigneten, von Anfang an problematischen Menschen darzustellen. Der konservative kolumbianische Jesuit Vicente Andrade Valderrama, als Mitbegründer des katholischen Gewerkschaftsverbandes UTC auch politisch Camilos Gegenspieler, schrieb wenige Wochen nach Camilos Tod in einer Bogotaner Zeitung, daß »Torres' familiäre Herkunft und sein Charakter... ihn nicht für den Priesterberuf geeignet erscheinen ließen«.[9]

Unter der Überschrift: »Wer ist verantwortlich für die Tragödie des Camilo Torres?« heißt es dort weiter: »Wenn sich Camilos Vorgesetzte im Seminar eines Fehlers schuldig gemacht haben, so nur aufgrund ihrer übermäßigen Güte und Toleranz. Schon seine Art ließ ihn für die Priesterlaufbahn ungeeignet erscheinen, aber seine außergewöhnliche Sympathie entschuldigte immer wieder ausreichend die Fehler, die sich bei ihm schon damals abzuzeichnen begannen.«[10]

Was hier vor allem deutlich wird, ist das klerikale Unvermögen, mit einer Biographie umzugehen, die nicht von katholischer Sozialisation geprägt wurde und durch unorthodoxe Frömmigkeit aus dem Rahmen fällt.

Für die konservative katholische Hierarchie ist es unvorstellbar gewesen, daß sich ein Priester nicht fraglos der Autorität der Kirche unterordnet. Für sie war weder nachvollziehbar noch auszuhalten, daß »Camilo ein begeisterter Priester und ein rebellischer Mensch zugleich gewesen ist«.[11]

So wie Pater Mendez äußern sich viele von Camilos Freunden und Weggefährten, auch diejenigen, die seine persönliche und politische Entwicklung nicht nachvollziehen konnten. Fast alle sind noch heute engagierte Katholiken. Übereinstimmend beschreiben sie den Priester Camilo Torres als einen absolut integren Menschen, der aus tiefempfundener christlicher Überzeugung gehandelt habe – konsequent und kämpferisch, aber ohne Hochmut und ohne jede persönliche Feindseligkeit. Sie empfinden es bis heute als einen Skandal, daß die Kirche einen solchen Priester nicht ertragen konnte.[12]

Für Camilos Zeit im Priesterseminar jedenfalls gibt es keinen Hinweis auf Konflikte mit Kollegen oder Vorgesetzten. Er fällt eigentlich nur positiv auf, als »aufrichtig, offen, hilfsbereit und von hoher sozialer Sensibilität«.[13]

Auffällig ist weiter sein zunehmendes Interesse an sozialen Problemen. Dem Priesterseminar gegenüber liegt eine große Hacienda, an deren Rand die Arbeiter und Angestellten mit ihren Familien in ziemlich elenden Hütten leben. Camilo ist der erste, der auf die Idee kommt, diese Familien zu besuchen – zunächst, um sie in der kirchlichen Glaubenslehre zu unterweisen. Aber die Konfrontation mit der konkreten Armut vor Ort bringt auch sozialpolitische Fragen in die Seminardiskussion hinein. Camilo, der ja schon einen weiten intellektuellen Horizont mitbringt, kritisiert, daß die Behandlung der gesellschaftspolitischen Probleme in der Ausbildung zu kurz kommt: »Man lernt hier nicht das, wozu ich eigentlich hergekommen bin – wie man umfassende soziale Verantwortung für die Menschen wahrnimmt.«[14] Die Seminarleitung hat für sein Anliegen offene Ohren. Er erhält die Erlaubnis, zusammen mit seinem Freund Gustavo Pérez einen Studienzirkel zu sozialen und ökonomischen Fragen zu gründen.

Das ist für das Seminar sicher ein großer Fortschritt. Trotzdem kann man kaum glauben, daß das alles ist, was von der Welt »draußen« in die Idylle des Priesterseminars eindringt. Denn während sich hier ein kleiner Kreis von Seminaristen erstmals an die soziale Problematik herantastet, tobt in Kolumbien ein Bürgerkrieg, der an Härte und Brutalität selbst in Südamerika einmalig ist und unter der Bezeichnung »Violencia« in die Geschichte eingeht.

Ende der dreißiger Jahre war die liberale »Revolution auf dem Marsch« in eine Sackgasse geraten. Unter ihrem Präsidenten López Pumajero hatte es erstmals eine staatliche Regulierung sozialer Konflikte gegeben. Aber die Oligarchie konnte diese Beschneidung ihrer ökonomischen und politischen Macht nicht ertragen. Großgrundbesitzer finanzierten Privatarmeen zur Bekämpfung der Bauern, die die Agrarreform umsetzen wollten. Der Klerus, der die Trennung von Staat und Kirche nicht akzeptierte, entfachte eine großangelegte Kampagne gegen die liberale »atheistische« Verfassung. Schritt für Schritt nahm die Regierung Reformvorhaben zurück, um die kampfbereite Oligarchie, zu der auch einflußreiche liberale Familien gehörten, zu beschwichtigen.

Aber nicht alle Liberalen machten diese Politik mit. Eine Gruppe von ihnen wollte weder ihre Ideale verraten noch den Kampf um sozialen Fortschritt den Kommunisten überlassen. Sie bildete den radikalen Flügel der liberalen Partei; ihr Repräsentant war der vom Komitee für Gewerkschaftseinheit UNIR in die Reihen der Liberalen zurückgekehrte Jorge Eliécer Gaitán. Er wollte »das konservative und liberale Volk gegen die konservative und liberale Oligarchie« vereinigen.[15]

Gaitán wurde zum Sprachrohr und zur Hoffnung der enttäuschten Volksmassen. In einer seiner berühmten mitreißenden Reden erklärte er: »In Kolumbien gibt es zwei Länder: das ›politische‹, das sich mit Wahlen, bürokratischen Pfründen, Geschäftsinteressen, Privilegien und Einflüssen beschäftigt, und das ›nationale‹ Land, die Menschen, die an ihre Arbeit, Gesundheit und Kultur denken. Das politische Land und die Oligarchie sind ein und dasselbe. Wir aber gehören zum na-

tionalen Land, zu den Menschen aus allen Parteien, die gegen das politische Land, gegen die Oligarchie aller Parteien kämpfen werden.«[16]
Damit hat Gaitán öffentlich ausgesprochen, was hinter der Fassade der demokratischen Verfassung Kolumbiens verborgen bleiben soll: daß die Zweiparteienherrschaft ausschließlich den Interessen der konservativen und liberalen Eliten und ihrer jeweiligen Klientel dient – und daß die Mehrheit des Volkes von den politischen und wirtschaftlichen Entscheidungsprozessen ausgeschlossen bleibt.
Solche radikalen Töne rufen die Oligarchen aller Parteien auf den Plan. 1945 gründen konservative und liberale Parteigrößen als »Bollwerk gegen den Extremismus« die Union Nacional, in der sich Großgrundbesitzer, Industrielle, Bankiers und Kirchenfürsten unter der Führung des konservativen Fanatikers Laureano Gómez zusammenschließen. Eine regelrechte Treibjagd beginnt – gegen Gaitán und seine Anhänger, aber auch gegen alles, was links ist. In den Kirchen wird zum Kreuzzug gegen die »Feinde Gottes« aufgerufen. Bezahlte Terrorbanden gehen gegen Bauern und Arbeiter vor. Mit dem Sieg des konservativen Präsidentschaftskandidaten Mariano Ospina Pérez im Jahre 1946 und der Gründung einer »politischen Polizei« verschärft sich die Gewalt gegen alle, die der herrschenden Machtstruktur gefährlich werden könnten. Bis Ende 1947 hat der von oben organisierte Terror bereits 14 000 Opfer gefordert.
Am 7. Februar 1948 stellt sich Gaitán an die Spitze eines Schweigemarsches von 100 000 Menschen durch die Straßen von Bogotá. In seiner Rede auf der Plaza Bolívar unweit des Regierungspalastes bringt er die Klage und Empörung dieser Menschen zum Ausdruck: »Unsere Fahnen tragen tiefe Trauer. Wir verlangen die Respektierung des menschlichen Lebens, Herr Präsident. Das ist wohl das mindeste, was ein Volk von seiner Regierung erwarten darf.«[17]
Zwei Monate später, am 9. April 1948, wird Gaitán in Bogotá auf offener Straße erschossen. Die Nachricht verbreitet sich wie ein Lauffeuer durch die Stadt: »Sie haben ihn ermordet!

Sie haben ihn ermordet!« Seine Anhänger, die schon lange unter Ungerechtigkeit und Repression leiden, sehen rot. Überall rotten sich Menschen zusammen; der aufgestaute Zorn entlädt sich in einer Orgie der Gewalt. Der »Bogotázo«, der dreitausend Menschen das Leben kostet und die Stadt verwüstet, ist der Auftakt zur Violencia, die Kolumbien an den Rand des Abgrunds führt.
In der Hauptstadt stellen Regierungstruppen innerhalb von drei Tagen die »Ordnung« wieder her. Doch der Bürgerkrieg hat bereits auf das Land übergegriffen.
Alte Feindschaften zwischen konservativen und liberalen Patróns und »ihren« Bauern brechen wieder auf. Als im Jahre 1949 Laureano Gómez, ein offener Bewunderer Francos und Hitlers, die Macht an sich reißt, sind dem konservativen Terror keine Grenzen mehr gesetzt. Entsetzliche Massaker finden statt, die von den liberalen Verbänden mit Racheakten beantwortet werden. Immer mehr vermischt sich politischer Terror mit offenem Banditentum.
»Der von den Bauern seit langem mühsam unterdrückte Haß kam zum Ausbruch, während die Regierung Polizisten und Soldaten dazu aussandte, Hoden abzuschneiden, den Leib schwangerer Frauen zu öffnen oder Kinder in die Luft zu werfen, um sie – unter dem Motto, ›auch nicht den Samen am Leben zu lassen‹ – auf dem Bajonett aufzuspießen... Der Kampf nahm Formen unglaublicher Grausamkeit an, eine Folge der vom Krieg selbst in wachsendem Maße geschürten Rachelust. Es wurden neue Todesarten erfunden: Beim ›Krawattenschnitt‹ schien die Zunge direkt aus dem Genick herauszuwachsen. Vergewaltigungen, Brandstiftungen und Plünderungen fanden am laufenden Band statt. Die Truppen machten Dörfer und Felder dem Erdboden gleich; die Flüsse färbten sich rot...«[18] Das ganze Land verwandelt sich in einen Friedhof. Man schätzt die Zahl der Toten auf mindestens 180 000.[19]
Zugleich organisieren sich die ersten Selbstverteidigungsgruppen. Junge Leute aus liberalen Familien, Ärzte, Anwälte, Studenten schließen sich mit den Bauern zu Selbstverteidi-

gungsbrigaden zusammen. Sie sind die Keimzelle der politisch orientierten Guerilla. 1949 ruft außerdem die Kommunistische Partei Kolumbiens erstmals zur bewaffneten Selbstverteidigung des Volkes auf. Schutzzonen werden errichtet, in denen verfolgte Bauernfamilien Zuflucht finden. Kleine »Unabhängige Republiken« entstehen – mit Landreform und Genossenschaftswesen, Gesundheitsversorgung und Selbstverwaltung.
Im Juni 1953 putscht General Rojas Pinilla und verspricht, das Land zu »befrieden«. Eine der ersten Befriedungsaktionen ist der Sturm auf die unabhängige Bauernrepublik im Gebiet um Tolima. Fünftausend Soldaten bringen mit Bomben, Panzern und Napalm Tod und Verwüstung über ein von Hunger und Unrecht befreites Gebiet.[20]
Das geschieht 1954, in dem Jahr, in dem Camilo in der Kathedrale von Bogotá zum Priester geweiht wird. Im weißen Priestergewand, als Zeichen völliger Bereitschaft auf dem Boden ausgestreckt, vernimmt er die Worte des Kardinals: »Du bist Priester auf ewig!«

Die Wirklichkeit erkennen
1954–1959

Die erste Messe, die der junge Priester Camilo Torres in der Kapelle des Liceo Cervantes zelebriert, ist ein gesellschaftliches Ereignis. Natürlich sind auch die Eltern anwesend, die sich beide auf ihre Weise mit der Entscheidung ihres Sohnes abgefunden haben. Der Vater wünscht, »daß du ein guter Priester wirst, ein fähiger Propagandist des Christentums beziehungsweise der Zivilisation – denn das ist es ja, was das Christentum eigentlich ausmacht«.[1] Die Mutter ist, wie sie sagt, »in den Schoß der Kirche« zurückgekehrt – es war für sie wohl auch die einzige Möglichkeit, die enge Verbindung mit ihrem Sohn zu erhalten. Sie schreibt ihm kurz darauf, daß sie von nun an jede Minute seines Lebens mit ihm teilen will.[2]

Doch zunächst einmal steht eine Trennung ins Haus. Kardinal Crisanto Luque, der die Priesterweihe vollzogen und den Weg Camilos mit Sympathie und Verständnis verfolgt hat, schickt ihn zum Studium nach Belgien, an die katholische Universität in Löwen. Er soll dort Soziologie studieren und später das Sozialapostolat der Erzdiözese Bogotá mit aufbauen helfen.

Dem aufgeschlossenen und weitsichtigen Kardinal Luque ist bewußt, was er an seinem ungewöhnlichen Priesternachwuchs hat. Der junge Camilo Torres könnte einmal zu einer neuen Generation von »Führungskräften« gehören, die der Kirche in Kolumbien ein modernes Gesicht und einen größeren Einfluß in den verschiedenen gesellschaftlichen Kreisen verschaffen würde.

Er kennt das Milieu außerhalb der Kirche und hat einen Draht zum kirchenfernen liberalen Spektrum. Er ist dort zugleich ein persönlich und intellektuell überzeugender Repräsentant eines Katholizismus, der sich gegenüber der modernen Gesellschaft zu öffnen beginnt. Er kommt aus den besten Kreisen und hat entsprechende gesellschaftliche Verbindungen. Gleichzeitig hat er ein Gespür für soziale Probleme und das Bedürfnis, sich für die Unterprivilegierten zu engagieren. Er ist genau der Richtige für die Gratwanderung zwischen Kirche und Welt und für die Vermittlung zwischen den gegensätzlichen gesellschaftlichen Gruppen, die die Kirche gerne wieder unter ihrem Dach vereinen und versöhnen möchte.

Es ist nicht zuletzt der Druck der Verhältnisse, der den Kardinal und Erzbischof von Bogotá zu solchen Überlegungen veranlaßt. Unter der Militärdiktatur des »Befriedungsgenerals« Rojas Pinilla hat die Violencia noch einmal einen neuen Höhepunkt erreicht. Immer deutlicher wird, daß die politischen und sozialen Probleme des Landes weder mit überkommenen Ordnungsvorstellungen noch mit Gewalt von oben zu lösen sind. Die Katholizität der Kirche, ihr Anspruch auf umfassende Gestaltung des persönlichen und gesellschaftlichen Lebens, verbietet eine weitere Verschärfung des Konflikts und die Ausgrenzung ganzer Bevölkerungsgruppen. Ein neuer Kurs ist angesagt: Die Kirche schickt sich an, selbst alternative Sozialmodelle zu entwickeln, um die unterprivilegierten Massen nicht völlig an die atheistische sozialistische Bewegung zu verlieren.

Schon 1946 war auf Initiative der katholischen Kirche und unter Mitwirkung des konservativen Jesuiten Vicente Andrade Valderrama eine neue, auf »Sozialpartnerschaft« ausgerichtete Gewerkschaft gegründet worden; die »Unión de Trabajadores de Colombia« (UTC) sollte den liberalen und sozialistischen Einfluß in der Arbeiterbewegung zurückdrängen und gleichzeitig zur Entschärfung des sozialen Sprengstoffs beitragen. Nun soll das Sozialapostolat der Erzdiözese Bogotá neu organisiert werden, ein weiterer Versuch, die soziale Frage zu lösen, ohne die Gesellschaftsstruktur als Ganze in Frage zu stellen. In Löwen, so hofft der Kardinal, wird Camilo das Rüstzeug für diese Arbeit bekommen. Die Katholische Universität ist das wissenschaftliche Zentrum des europäischen Katholizismus und so etwas wie eine »Kaderschmiede« für katholische »Führungskräfte« in aller Welt. Dorthin wer-

den Camilo Torres und sein Freund Gustavo Pérez zum Studium abgeordnet.
Im Oktober 1954 kommen die beiden in Löwen an. Es ist Camilos erste bewußte Begegnung mit dem alten Europa. Löwen ist eine mittelalterliche Stadt. Der »große Markt« gilt als das schönste und geschlossenste Ensemble aus der Epoche der flämischen Gotik. Die Universität, 1425 gegründet, ist eine der ältesten Europas. Ihre ehrwürdigen Gebäude atmen den Geist des ausgehenden Mittelalters und der Renaissance, des aufstrebenden Bürgertums und der Auseinandersetzung mit der Reformation. Die Katholische Universität wurde damals zu einem geistigen Zentrum der Gegenreformation, die nicht nur der Verteidigung, sondern auch der Erneuerung der katholischen Kirche und des katholischen Glaubens dienen sollte.
Der Oktober 1954 ist außergewöhnlich kalt. Erste Schneeschauer und der Nebel der flandrischen Tiefebene legen sich den beiden Latinos aufs Gemüt. Camilo lacht nicht mehr über des Vaters ständige Ermahnung, in Europa nie ohne wollene Kleidung aus dem Haus zu gehen. Das Heilig-Geist-Kolleg, in dem Camilo und Gustavo wohnen, ist nicht sehr gemütlich, und das Frühstück ist so karg, daß sich die beiden eine Kochecke in ihrem Zimmer einrichten. Camilo spült erstmals in seinem Leben das Geschirr – und hat bald genug. Ein kleiner Hinweis im nächsten Brief genügt; im Dezember steht Isabel auf dem Flughafen in Brüssel. Sie wird in den folgenden Monaten den beiden Studenten den Haushalt führen.
Die komfortable kleine Wohnung, in die man nun zieht, wird bald zum geselligen Mittelpunkt der Lateinamerika-Kolonie von Löwen. Isabel bewirtet geduldig unzählige Gäste und paßt zugleich auf »ihre Jungens« auf. Aber ihre Rolle beschränkt sich keineswegs auf die traditionelle mütterliche Fürsorge. Sie ist auch eine interessante und kritische Gesprächspartnerin. Manches deutet darauf hin, daß sie für die weitere Entwicklung der Lebensgeschichte des Camilo Torres eine treibende Kraft gewesen ist, einfach dadurch, daß er sich immer wieder mit ihr auseinandersetzen mußte. Denn Isabel bewundert zwar

ihren Sohn, der auf dem besten Weg ist, »ein Heiliger zu sein«[3], aber ihre weitherzige und offene Art wehrt sich gegen einen christlichen Rigorismus, der jedes Abweichen vom Weg zur Vollkommenheit mit Schuld und Strafe verbindet.
Camilo, der Priester mit Haut und Haaren, ist da nicht ganz frei von zwanghaften Vorstellungen. Auf dem Weg nach Europa hatte er sich ein paar Tage bei seinem Bruder in New York gegönnt und dort prompt das Brevier, die tägliche biblische Lektüre jedes Priesters, liegengelassen. Nun plagen ihn Schuldgefühle, vor allem weil die Mutter und der Bruder bei dem Versuch, das Brevier vor dem Abflug doch noch zu beschaffen, im New Yorker Verkehr steckengeblieben waren. Camilo, der von Strafe Gottes für verschwendete Zeit redet, bekommt von Isabel diese Gardinenpredigt: »Wie kannst Du nur glauben, daß Gott, der unendliche Güte, Verständnis und Weisheit ist, durch Deinen Trip (nach New York) beleidigt war und Dich dadurch strafte, daß er uns zu spät zum Flughafen kommen ließ?... Nein, mein Sohn, mein Gott ist ein anderer als Deiner, sehr viel menschlicher und großherziger. Daß wir nicht rechtzeitig zum Flughafen kamen, lag einfach an dem dichten Verkehr... Natürlich waren wir sehr traurig, aber wir dachten keinen Augenblick an eine Bestrafung durch den ›Boss‹...«[4]
Dieses kleine Stückchen persönlicher »Befreiungstheologie« mag zeigen, wie heilsam der Einfluß Isabels auf den von Zeit zu Zeit vom Heiligkeitswahn befallenen Camilo gewesen sein muß. In diesem Fall konnte sich übrigens die liberale alte Dame einen Seitenhieb auf den konservativen Katholizismus zu Hause nicht verkneifen: »Ich bin sicher«, heißt es in ihrem Brief nach Löwen weiter, »daß Du diese engstirnige Vorstellung von Gott in den zivilisierten Ländern da drüben überwindest!«[5]
So haben sich Camilos Vorgesetzte in Bogotá den Einfluß Europas sicher nicht vorgestellt. Noch weniger werden sie geahnt haben, daß ihr Priesternachwuchs an der katholischen Elitehochschule weit mehr mit neuen Gedanken konfrontiert statt in alten Traditionen bestärkt werden sollte. Zwar wollte

man ihm dort das theoretische Wissen für neue soziale Aufgaben verpassen, doch sollten sich Erneuerung und Bewahrung durchaus die Waage halten.
In den alten Gebäuden der Katholischen Universität weht jedoch ein völlig neuer Geist. Erstmals etabliert sich die Soziologie als ein eigenständiges Fach. Sie ist zu dieser Zeit noch ganz dominiert vom amerikanischen Empirismus, der die bestehenden Gesellschaftsformationen und ihre Funktionsweisen analysiert und beschreibt, ohne sie kritisch zu hinterfragen. Jacques Leclercq, der in Löwen Theologie und Soziologie lehrt, bringt diese Form der Gesellschaftsanalyse in den sozialpolitischen und theologischen Diskurs ein, der von der modernen katholischen Soziallehre Maritains angestoßen worden ist.[6] In ihm geht es vor allem um christliche Modelle einer zukünftigen sozialen Ordnung, die einen »dritten Weg« zwischen Kapitalismus und Kommunismus verwirklichen soll. Dies wird ausdrücklich unter dem Aspekt diskutiert, einerseits eine Alternative zum Kapitalismus zu entwerfen und andererseits »eine Front gegen den Kommunismus aufzubauen«.[7] Denn der Kommunismus ist in Europa inzwischen ein gewichtiger und bedrohlicher Faktor.
Es ist die Zeit des kalten Krieges zwischen den kapitalistischen USA und der sozialistischen Sowjetunion. In Europa verläuft die Grenze zwischen den beiden Systemen quer durch Deutschland. Im Koreakrieg war es zu einer ersten militärischen Auseinandersetzung zwischen den Weltsystemen gekommen. In Afrika stehen die Völker gegen die Kolonialmächte auf, und in Lateinamerika bringen die sozialen Konflikte immer neue revolutionäre Bewegungen hervor.
François Houtart, der zur gleichen Zeit wie Camilo als junger Soziologieprofessor an die Katholische Hochschule kommt, kann sich noch heute lebhaft daran erinnern, wie die Studenten und Dozenten damals die Atmosphäre und die Herausforderungen jener Zeit empfunden haben. Von einem Dialog mit dem Marxismus sei man noch weit entfernt gewesen. Es habe Anfänge gegeben, doch ausschließlich aus dem Bewußtsein heraus, die bessere Alternative anzubieten. Der Marxismus sei

Die Wirklichkeit erkennen

neben anderen »Ideologien der Moderne« wie zum Beispiel dem Faschismus in einem einzigen Seminar behandelt worden. Davon, daß Camilo in Löwen mit marxistischem Gedankengut »infiltriert« worden sei – wie Vicente Andrade Valderrama später argwöhnte –, könne keine Rede sein. Man war eher der Überzeugung, der Katholizismus könne alle Fragen besser lösen. Die Grundstimmung sei sehr optimistisch gewesen, etwa nach dem Motto: Die Kirche kann alles verändern, und die Kirche kann sich selbst verändern.[8]

Darüber, daß sich die Kirche selbst verändern muß, um den Realitäten einer modernen säkularisierten Gesellschaft gerecht zu werden, gibt es in den fünfziger Jahren nicht nur theologische Diskussionen. Vor allem in Frankreich und Belgien werden neue Formen der Mission und Evangelisation ins Leben gerufen. Arbeiterpriester gehen in die Bergwerke und Fabriken, um neue Wege der Verkündigung unter den der Kirche entfremdeten Proletariern zu finden.

Schon 1947 hatte Kardinal Suhard, der Erzbischof von Paris, einen bemerkenswerten Hirtenbrief herausgegeben. Unter der Überschrift »Aufstieg oder Niedergang der Kirche«[9] schreibt er dort über die Aufgabe des Christen in einer nachchristlichen Gesellschaft: »Sein Bemühen besteht nicht darin, die Ungläubigen anzuwerben und zu sich herüberzuziehen, sondern vor allem darin, sich unter sie zu mischen, um sie, so wie sie sind, zu retten.«[10] Das heißt aber auch, daß man die Nöte und Sorgen der Menschen, »so wie sie sind«, ernst nimmt. Rettung ist dann nicht nur und nicht in erster Linie Mission und Bekehrung, sondern die Ermöglichung eines menschenwürdigen Lebens. »Man kann nicht ein Heiliger sein und das Evangelium, auf das man sich beruft, leben, ohne sich zu bemühen, allen Menschen jene Lebensbedingungen in Wohnung, Arbeit, Ernährung, Muße und Bildung zu sichern,... ohne die es kein menschliches Leben mehr gibt. Darum ist die Sendung des Christen nicht bloß ein Apostolat; in ihr laufen gleichzeitig drei Wirksamkeiten zusammen: eine religiöse, eine staatsbürgerliche und eine soziale.«[11]

Solche Gedanken kommen später auch immer wieder in den

Schriften des Camilo Torres vor. Sie haben ihn viel stärker geprägt als die Gesellschaftstheorie der marxistischen Denker. Ohnehin ist Camilo kein Theoretiker. Ihn interessieren viel mehr die Aktivitäten der »Mission de France« und der »Jeunesse Ouvrière Chrétienne« (Christliche Arbeiterjugend), die christliche Nächstenliebe als umfassende Verantwortung für die Wirklichkeit der Menschen zu konkretisieren versuchen.

Bei denen, die in diesen Bewegungen aktiv sind, findet Camilo sein Lebensthema wieder: die Nächstenliebe, die auch die politische und soziale Dimension mit einschließt. Aber er erfährt auch, daß diejenigen, die sich auf diese politische und soziale Wirklichkeit einlassen, selbst nicht unberührt davon bleiben. Viele von ihnen werden politisch radikaler und beginnen, mit denen zu sympathisieren, die sie doch eigentlich bekämpfen sollten – mit Sozialisten und Kommunisten, die nicht nur die gesellschaftlichen Widersprüche umfassend analysieren, sondern auch ein überzeugenderes Beispiel von Nächstenliebe und Solidarität geben als manche Christen. Und schließlich ist es die direkte Konfrontation mit Armut und sozialer Ungerechtigkeit, die auch Christen zur Parteinahme für die Benachteiligten in der bürgerlich-kapitalistischen Gesellschaft treibt.

Für Camilo, der bald in Belgien und Frankreich mit Vertretern der Arbeiterpriesterbewegung in Berührung kommt, sind das ganz neue Erfahrungen. Sozialapostolat ja – aber strukturelle, vielleicht sogar revolutionäre Veränderung der bestehenden Gesellschaftsordnung? Das jedenfalls war ihm, der sich bisher auf der Sonnenseite dieser Gesellschaft bewegt hat, als völlig undenkbar und auch als überflüssig erschienen. Nun aber erlebt er für einige Wochen hautnah den Alltag eines Arbeiterpriesters im belgischen Kohlerevier mit – und bekommt eine erste Ahnung davon, wie die Welt von der anderen Seite aussieht. Immer mehr beginnt Camilo, die ganze Wirklichkeit wahrzunehmen.

Gleichzeitig gibt ihm das Soziologiestudium das wissenschaftliche Instrumentarium zur Analyse dieser Wirklichkeit an die

Die Wirklichkeit erkennen 41

Hand. Es wird deutlich, daß politische und soziale Ordnungen nicht gottgegeben sind, sondern von Menschen gemacht werden. Mit Hilfe der Gesellschaftsanalyse lassen sich daher Armut und Unterentwicklung auf ihre Ursachen hin untersuchen und bekämpfen. Diese Erkenntnis wird für den jungen Priester und Soziologen ebenso lebensentscheidend wie die Begegnung mit Frauen und Männern, die aus christlicher Überzeugung heraus Partei für die »Verdammten dieser Erde« ergriffen haben.

Einer von ihnen ist Abbé Pierre, der mit den Obdachlosen von Paris zusammenlebt und ihnen so etwas wie »Hilfe zur Selbsthilfe« zu geben versucht. Sein Projekt zieht engagierte junge Leute aus ganz Europa an. Die »Emmaus-Jünger« tun das, was Obdachlose tun, um zu überleben: im Abfall der Konsumgesellschaft nach Verwertbarem suchen. Diese »Lumpensammleraktion« ist Solidarisierung mit den Armen, praktische Hilfe und soziale Anklage in einem. Für kurze Zeit ist auch Camilo dabei, bis er aus der Pariser Lumpensammlerszene an einen anderen sozialen Brennpunkt weitergereicht wird – zu Père Christian und seinen Leuten, die unter den algerischen Flüchtlingen arbeiten.

Hier lernt er Marguerite »Guitemie« Olivieri kennen, die ihm von da an zeit seines Lebens in politischer Aktion und Diskussion verbunden bleiben wird. Guitemie, Studentin in Paris, hat die Familienvilla in Versailles verlassen und die Seiten gewechselt. Neugierig und abenteuerlustig, in Opposition zum großbürgerlichen Elternhaus und dem ganzen konservativ-katholischen Mief der französischen Provinz, ist sie auf der Suche nach einem alternativen Lebensentwurf. Vor allem aber will sie etwas für andere tun und landet bei der Flüchtlingsarbeit.

Am 1. November 1954 hatte der Algerienkrieg begonnen. Einheiten der algerischen Nationalen Befreiungsfront (FLN) hatten militärische und industrielle Einrichtungen der französischen Kolonialmacht angegriffen und damit das Signal für den Kampf um die Unabhängigkeit Algeriens gegeben. Einer der letzten großen Kolonialkriege begann; er wurde von beiden Seiten mit großer Brutalität geführt, zog sich über sieben Jahre hin und forderte eine Million Tote.

Was Guitemie in den algerischen Flüchtlingslagern über die Untaten der französischen Truppen in Algerien erfährt, erfüllt sie mit Abscheu und Entsetzen. Sie will mit der »Grande Nation« und ihren Repräsentanten nichts mehr zu tun haben und schließt sich – wie viele andere Franzosen, die mit der algerischen Unabhängigkeitsbewegung sympathisieren – dem französischen Sektor der FLN an.

Im Rückblick auf ihren politischen Radikalisierungsprozeß drückt Marguerite Olivieri die Erfahrung vieler zunächst idealistisch gesinnter und sozial engagierter Menschen aus: »Man kann kaum etwas für andere tun, ohne an die Grenzen einer ungerechten Gesellschaftsstruktur zu stoßen und zu begreifen, daß man die Struktur ändern muß, um wirklich etwas für andere tun zu können.«[12]

Guitemie hat das, was Jacques Maritain »einen harten Geist und ein zärtliches Herz« nannte.[13] Sie konfrontiert Camilo am radikalsten mit der Erkenntnis, daß es nicht reicht, Mitleid zu haben und Gutes zu tun. Sie will nicht mehr für die Opfer sorgen, sondern mit ihnen gemeinsam für ihre Rechte kämpfen. Diesen qualitativen Schritt von der sozialkaritativen »Hilfe von oben« zum sozialrevolutionären »Widerstand von unten« wird Camilo erst viel später vollziehen. Aber nach seinem sozialen Einsatz in Paris wird er beginnen, darüber nachzudenken, und Guitemie wird ihn immer wieder durch ihre eigene Praxis und Überzeugung dazu herausfordern.

Vorerst aber ist diese Begegnung für Camilo nur ein weiterer Schritt auf dem Weg, die ganze Wirklichkeit zu erkennen. Und so komplex und widersprüchlich wie diese Wirklichkeit ist auch Camilos Art, auf sie zu reagieren. Denn natürlich kann er nicht völlig aus seiner alten Haut heraus. Er ist fasziniert von dem Armutsideal des Abbé Pierre, bleibt aber trotzdem »mit und ohne Soutane eine elegante Erscheinung«.[14] Er fährt nicht nur zu sozialpolitischen Studien nach Paris und Prag, Berlin und Brüssel, sondern zusammen mit Isabel und Gustavo im

Die Wirklichkeit erkennen 43

eigenen Volkswagen nach München, Wien und Salzburg. Inspiriert von dem einfachen Leben der Arbeiterpriester, will er jedes Eigentum loswerden, läßt sich dann aber doch von Isabel davon überzeugen, daß Jesus, lebte er heute, nicht auf einem Esel, sondern in einem Volkswagen in Jerusalem eingezogen wäre...[15]

Immer wieder kommt Camilo durch diese Widersprüche innerlich ins Schleudern. In diesen Augenblicken bedauert er, sich damals nicht radikaler entschieden zu haben: für den Orden und damit für die Eindeutigkeit einer festen Ordensdisziplin. Sein Lehrer und Freund François Houtart, wie er Weltpriester und Soziologe, schreibt dazu später: »Er war ein bewußter Priester... Die Unentschiedenheit zwischen dem Ordensleben und dem Weltpriesterberuf entsprach seinem Wunsch nach großer Treue zu seiner Berufung. Er fühlte, daß er ein etwas unbeständiges Temperament hatte. Er fühlte das Bedürfnis nach einem festen Lebenshalt und nach einer größeren Disziplin.«[16]

Doch andererseits liegen in dem Widerspruch auch besondere Chancen. Camilos völlig unklerikale Ausstrahlung macht ihn zum Ansprechpartner für Menschen, die normalerweise um einen Pfarrer einen großen Bogen machen. Marguerite Olivieri berichtet von einem Vorfall, der ihr von einem Aufenthalt Camilos in Paris im Gedächtnis geblieben ist: Auf dem Heimweg von einer Veranstaltung wurde er in der Metro von einem unbekannten, etwas heruntergekommenen Mann angesprochen. Er hatte Camilo an seinem Priesterkragen als Geistlichen erkannt und bat ihn, ihm die Beichte abzunehmen. Camilo kam dieser Bitte sofort nach. An diesem Punkt ist er wohl immer völlig eindeutig gewesen: in der unbedingten und spontanen Hinwendung zu dem, der ihn gerade brauchte.[17]

Es gibt eigentlich niemanden, der Camilo nicht mag. In Löwen ist er überall in der lateinamerikanischen Szene beliebt. Er ist ein Mensch, »der nah an andere herankam und sofort mit allen eine Verbindung hatte«, erinnert sich Houtart.[18] Camilo ist der ideale Kommunikator. Er bringt die unterschiedlichsten

Kreise miteinander in Verbindung und ist selber ständig in Bewegung.

Lange am Schreibtisch zu sitzen liegt ihm nicht. Aber er ist ein unermüdlicher Organisator. Mit einigen Landsleuten zusammen gründet er die »Kolumbianische Arbeitsgemeinschaft für soziale und wirtschaftliche Forschung«. Sie soll die zukünftigen Wissenschaftler, Geistlichen und Politiker des Landes in dem Ziel vereinen, ihr in Europa erworbenes Fachwissen gemeinsam und uneigennützig zur Lösung der kolumbianischen Probleme einzubringen. Noch ist die Zielsetzung ziemlich unpolitisch. Gustavo Pérez nennt die »Anerkennung des Menschen durch den Menschen« das notwendige ideologische Minimum, »auf dessen Basis ein Übereinkommen der Kolumbianer in bezug auf das Gemeinwohl zu verwirklichen ist«.[19] Aber das Anliegen, eine neue Mentalität unter den Auslandsstudenten zu schaffen und sie statt auf ihre persönliche Karriere auf ihre gesellschaftspolitische Verantwortung hin zu orientieren, ist ein erster Versuch, der tief von Interessengegensätzen gespaltenen kolumbianischen Gesellschaft neue Impulse zu vermitteln.

Camilo Torres und Gustavo Pérez reisen durch halb Europa und gründen Sektionen in Belgien, Frankreich, Spanien, Holland, England und der Bundesrepublik Deutschland. Im Oktober 1958 kommt in Brüssel ein »Erster Kongreß der kolumbianischen Studenten in Europa« zustande, dem Camilo Torres als Generalsekretär vorsteht. Der kolumbianische Botschafter meldet seiner Regierung: »großartige beschlüsse angenommen stop beschlossen arbeitskreis studien und fortschritt unter zeichen ECEP zu gründen stop abends botschaftsempfang für kongreßteilnehmer stop intellektuelle jugend des vaterlandes bereit wirksam beizutragen fachliche studien zu ernsten nationalen problemen...«[20]

Dem Ton dieser Botschaft ist zweierlei zu entnehmen: erstens, daß der Kongreß sicherlich keine oppositionelle Haltung gegenüber der kolumbianischen Regierung zum Ausdruck gebracht hat, und daß er zweitens über großartige Beschlüsse nicht hinausgekommen ist. Auf diesem Stand wird es auch

Die Wirklichkeit erkennen

bleiben. Konkreter ist schon, was Camilo selber zur Aufarbeitung der kolumbianischen Situation tut. Mehrfach reist er nach Bogotá, um dort Daten für seine Diplomarbeit zu sammeln, die er 1958 unter dem Titel »Statistische Daten zur sozioökonomischen Realität der Stadt Bogotá« abschließt. Danach arbeitet er noch einige Monate als Vizerektor am Löwener Lateinamerika-Kolleg, an dem im Auftrag der belgischen Bischofskonferenz europäische Seelsorger und Laienmitarbeiter auf die Lateinamerika-Mission vorbereitet werden.

So bleibt für Camilo Lateinamerika auch in den Jahren des Studiums in Europa immer im Blick. Aber er lernt den lateinamerikanischen Kontinent von Europa aus unter einem neuen Aspekt kennen. In Löwen wird ihm klar, daß die kolumbianische Gesellschaft nicht so sein muß, wie sie ist. Das Soziologiestudium hat ihm das Mittel der Gesellschaftsanalyse verschafft; mit diesem analytischen Wissen ist es ihm nicht länger möglich, die Gesellschaftsstruktur als unveränderbar hinzunehmen. Damit ist der Konflikt mit all denen vorprogrammiert, die in Staat und Kirche die alte Ordnung politisch aufrechterhalten und kirchlich absegnen wollen.

Diese Haltung der Kirche, nämlich eine von Menschen gemachte Gesellschaftsordnung für gottgewollt und unantastbar zu erklären, wird Camilo immer mehr suspekt. Damit verändert sich allmählich auch seine Einstellung zur kirchlichen Hierarchie. Camilo, der zu Beginn seines Studiums noch ordnungsgemäß die bischöfliche Erlaubnis zur Lektüre marxistischer Schriften eingeholt hatte – Antwort aus Bogotá: Ja, aber nur unter geistlicher Anleitung![21] –, reagiert nicht länger mit blindem Gehorsam auf alle Anweisungen kirchlicher Autoritäten. Auf der Weltausstellung in Brüssel soll er zusammen mit François Houtart den Stand des Vatikan betreuen, dessen Besucher von einer lebensgroßen Gipsstatue des konservativen Papstes Pius XII. empfangen werden. Beide geben nach wenigen Tagen den ehrenvollen Auftrag zurück – diese Kirche wollen sie nicht repräsentieren.[22]

Für Camilo ist damit ein wichtiger Punkt erreicht. Ihm ist klargeworden, daß die kirchliche Hierarchie nicht immer und unbedingt den wahren christlichen Glauben verkörpert, auch wenn sie dies beansprucht. Für ihn bedeutet das, daß er künftig auch als Priester eher seinem Gewissen als den Anordnungen eines Bischofs folgen wird.

1958 ist Camilos Studienzeit in Löwen zu Ende. Er möchte noch ein Semester Stadtsoziologie an der Universität von Minneapolis in den USA studieren, wo sein Bruder Fernando inzwischen als Mediziner tätig ist. Camilos väterlicher Freund und Förderer Crisanto Luque hat auch dafür Verständnis. Er schreibt ihm: »Lieber Camilo... ich habe nichts dagegen... daß Du in die Vereinigten Staaten reist. Das kann eine wichtige Vervollständigung Deiner Ausbildung sein, die Dich noch besser auf Dein künftiges Apostolat vorbereiten wird. Ich segne Dich und sende Dir herzliche Grüße – Dein Vater in Gott Crisanto Kardinal Luque, Erzbischof von Bogotá.«[23]

Zum Aufbau des Gottesreiches beitragen
1959–1962

Am Anfang des Jahres 1959 kehrt Camilo Torres nach Bogotá zurück. Zur gleichen Zeit, am 8. Januar 1959, zieht Fidel Castro mit seiner revolutionären Guerilla unter dem Jubel der Bevölkerung in Havanna ein. Die kubanische Revolution beendet die Herrschaft der USA, die jahrzehntelang die Karibikinsel wie eine Kolonie behandelt und ausgenommen haben, und vertreibt das korrupte Marionettenregime des Diktators Fulgencio Batista.

In Kolumbien war zwei Jahre zuvor die Militärdiktatur des Generals Rojas Pinilla zusammengebrochen. Er hatte das Land nicht zur Ruhe bringen können. Die Gewalt, in die die Armee ebenso verstrickt war wie die Guerilla, die privaten Killertrupps der Großgrundbesitzer ebenso wie marodierende Banditenbanden, war endgültig außer Kontrolle geraten. Wirtschaftskrise und Korruptionsvorwürfe schwächten außerdem die Position des Diktators. Weder die konservative noch die liberale Elite konnten diesem Zustand etwas »abgewinnen«. Bereits 1956 hatten sich die Vertreter der beiden feindlichen Lager, Alberto Lleras Camargo und Laureano Gómez, in Madrid getroffen und einen »Burgfrieden« ausgehandelt, mit dem Ziel, gemeinsam die Diktatur zu stürzen und zum parlamentarischen System zurückzukehren.

Diese parlamentarische »Demokratie« soll jedoch nach bestimmten Regeln ablaufen. Sechzehn Jahre lang wollen sich Liberale und Konservative alle vier Jahre mit der Herrschaft abwechseln, um eine gleichmäßige Verteilung der Macht, aber auch der dazugehörigen Posten und Pfründen zu gewährleisten.

Die Errichtung dieses Machtkartells unter der Bezeichnung »Nationale Front« macht endgültig deutlich, wie sehr die oligarchischen Familien den Staat als ihr Eigentum betrachten. Die Regelung sozialer Konflikte durch eine halbwegs eigenständige Staatsgewalt wird damit aufs neue verhindert. Diese Schwäche des Staates, der trotz parlamentarischer Fassade seine Bürger nicht vor Übergriffen mächtiger Interessengruppen schützen kann oder will, gilt bis heute als Hauptgrund für den ständigen Ausnahmezustand und die immer wieder aufbrechende Gewalt in Kolumbien. Francisco de Roux, Direktor des von Jesuiten gegründeten und geleiteten Forschungs- und Bildungszentrums CINEP, bringt das Problem auf den Punkt: »Es ist eine Vereinfachung, wenn man sagt, das kolumbianische Volk sei von Anfang an aggressiv gewesen. Vielmehr findet man ein Land vor, in dem die politischen Sitten der herrschenden Klasse die Menschen vom ersten Tag der Republik an in einen Krieg geführt haben.«[1]

Doch zunächst einmal scheint es mit der »Nationalen Front« einen neuen Aufbruch zu geben. Fast alle Kolumbianer sind sich im Aufbegehren gegen die Diktatur einig. Auch Professor Calixto Torres ist unter den Demonstranten, die im Mai 1957 den Rücktritt des Generals fordern.

Nach dem Sturz Rojas Pinillas wird zunächst eine Militärjunta eingesetzt; sie führt Ende 1957 eine Volksabstimmung durch, in der sich die Bevölkerung mit großer Mehrheit für die Rückkehr zum Parlamentarismus ausspricht. Anfang 1958 wird die neue Regierung unter dem liberalen Präsidenten Alberto Lleras Camargo vereidigt.

Die »Revolution des Mai 1957« ändert nichts grundlegend. Aber sie vermittelt den Eindruck, daß das Land einen neuen Anfang finden könnte. Verbotene Parteien und Organisationen werden wieder zugelassen, auch die 1955 in die Illegalität gedrängte Kommunistische Partei. Sie wird in den nächsten Jahren strikt den Weg des legalen Kampfes verfolgen, um den mühsam wiedergewonnenen Freiraum nicht zu gefährden.

Deshalb sind die kolumbianischen Kommunisten auch nicht übermäßig begeistert von der kubanischen Revolution. Sie setzen auf Organisierung des städtischen und ländlichen Proletariats statt auf eine Guerilla-Romantik, die sich bald mit der charismatischen Gestalt des Ernesto »Che« Guevara verbindet. Immer wieder betont die Partei, daß die kubanische

Revolution nicht auf kolumbianische Verhältnisse übertragen werden kann. Um so mehr aber werden die bärtigen Revolutionäre von der kritischen Studentenschaft Bogotás verehrt und gefeiert.

Das Zentrum der kritischen Intelligenz Kolumbiens ist die Nationaluniversität. Sie ist, im Gegensatz zu den über vierzig privaten Hochschulen für die Söhne und Töchter der zahlungskräftigen Elite, eine staatliche Einrichtung für alle jene Studentinnen und Studenten, die nicht zu den »oberen Zehntausend« gehören. Die Studentenschaft an der Nationaluniversität ist »sozial gemischt und daher eine Art Thermometer für die Stimmung im Land, manchmal aber auch ein Pulverfaß«.[2]

Im Jahre 1959 brodelt es in der Studentenschaft. Die wachsende Unzufriedenheit mit dem politischen System, das auch nach der Rückkehr zum Parlamentarismus zu wenig politische Öffnung und sozialen Fortschritt erkennen läßt, artikuliert sich in revolutionären Parolen und Versammlungen radikaler Studentengruppen. Die verschiedenen liberalen, revolutionären und marxistischen Strömungen sind kaum auf einen Nenner zu bringen. Nur eines haben alle gemeinsam: die atheistische oder zumindest antiklerikale Einstellung.

Die Kirche hatte die Nationaluniversität, die schon Mitte des 18. Jahrhunderts säkularisiert und damit ihrem Einfluß entzogen worden war, lange Zeit völlig aufgegeben und statt dessen kirchliche Universitäten zur Ausbildung einer christlichen Führungsschicht gegründet. Nun aber soll in der »Höhle des Löwen« eine Studentengemeinde entstehen, der Vorposten eines neuen Katholizismus, der sich der Auseinandersetzung mit der kritischen Intelligenz stellt und ihren Einfluß durch eigene Profilierung zurückzudrängen versucht. Für diesen kirchlichen »Kampfauftrag« hat Kardinal Luis Concha, der neue Erzbischof von Bogotá und Nachfolger des verstorbenen Crisanto Luque, den eben vom Soziologiestudium zurückgekehrten Camilo Torres vorgesehen.

Der dreißigjährige Priester und Wissenschaftler scheint nicht nur durch seinen persönlichen Werdegang dazu prädestiniert.

Er hat sich für diesen Posten auch durch einen Text profiliert, den er im September 1956 aus Löwen an das »Erste Seminar der Universitätsseelsorger« nach Bogotá geschickt hatte. Darin hieß es: »Die sozialen Probleme erfordern am dringlichsten eine Lösung und beunruhigen den modernen Menschen am meisten... Das Interesse an den sozialen Problemen setzt ein Minimum von Altruismus voraus. Dieser Altruismus muß auf soliden Prinzipien fußen und so gefestigt werden, daß er Taten zur Folge hat. Die christliche Ethik ist, da sie ganz auf der Liebe beruht, am ehesten geeignet, einen solchen Altruismus zu wecken... In einem katholischen Land wie dem unseren ist schon allein im Hinblick auf die sozialen Probleme eine religiöse Erziehung dringend erforderlich. Dazu wäre ein Priester in jeder sozialwissenschaftlichen Fakultät notwendig.
Da die sozialen Anliegen vollständig mit den Anliegen des Christentums übereinstimmen, muß jeder Katholik mit Umsicht zur Lösung der sozialen Probleme beitragen... Daraus ergibt sich die Notwendigkeit für alle Studentenpfarrer, sich mit den sozialen Fragen zu befassen... Außerdem ist es sehr wichtig, daß die Wissenschaftler in einer rationalen, ihrer Denkweise entgegenkommenden Weise mit den religiösen Problemen vertraut gemacht werden. Diese beiden Ziele lassen sich am besten erreichen, indem man eine Soziallehre darlegt, die sich aus der Lehre des Evangeliums ergibt. So müssen die Studentenpfarrer die Unruhe der Studenten in der Auseinandersetzung mit ihren Problemen teilen und diese Unruhe in ein lebendiges Christentum integrieren.«[3]
Diese schöne Theorie soll Camilo nun im Sinne der Kirche in die Praxis umsetzen. Er wird zum Capellan, zum Studentenseelsorger, an der Nationaluniversität berufen.
Der Einstieg in dieses erste eigene »Amt« ist in dem antiklerikalen Klima der Nationaluniversität alles andere als einfach. Camilo, der daran gewöhnt ist, von allen geliebt zu werden, erhält hier zunächst eine ungewohnte Abfuhr: »Die Studenten kehrten ihm den Rücken. In der Antipathie, die sie gegen alles empfanden, was Soutane trug, ließen sie sich nicht einmal zu

einem Gruß herab«, berichtet seine Mutter.[4] Aber Camilo gibt nicht auf. Jede Woche lädt er Studentinnen und Studenten aus allen politischen und weltanschaulichen Gruppen zu einem »Treffen der Pluralisten« ein, bei dem aktuelle politische Themen diskutiert und religiöse Fragen angesprochen werden. Camilo bemüht sich darum, das Evangelium in die gesellschaftliche und persönliche Situation der studentischen Zuhörer und Gesprächspartner hinein zu vermitteln und politisch zu aktualisieren. Das ist nichts Aufgesetztes, sondern sein eigenes Lebensthema. Die Studenten spüren das.

Hernán Zambrano, der an den Treffen der Studentengemeinde teilgenommen hat, schildert, auf welche Weise der neue Studentenseelsorger die Sympathien der Studentinnen und Studenten gewann: »Er wollte nie Mittelpunkt sein. Er gab sich als einer unter anderen und behandelte jeden, als ob er ihn schon lange kenne. In seiner Gegenwart fühlte sich niemand abgelehnt oder verurteilt... Ich verdanke Camilo meine Bekehrung, das heißt die Entdeckung, daß Christentum etwas Lebendiges, etwas zu Lebendes ist. Seine Predigten waren immer aktuell. Er führte mit den Gläubigen ein Gespräch, übersetzte die Meßtexte in ihren Alltag... Eine Idee wiederholte er mit unendlicher Beharrlichkeit: Der moderne Christ muß ein vielgestaltiges Glaubenszeugnis geben. Seine Verpflichtung in der Welt, besonders in der lateinamerikanischen Gegenwart, ist die Mitarbeit an der Revolution.«[5]

Camilo hat seine Lektion bei den Arbeiterpriestern gelernt; er will keinen kirchlichen Bekehrungsfeldzug starten, sondern durch eine solidarische christliche Existenz, durch Mitleiden, Mitfeiern, Mitkämpfen eine neue Kommunität, eine Kirche in der Welt jenseits der etablierten kirchlichen Strukturen erstehen lassen. Dieses Christentum hat für viele junge Intellektuelle eine neue Faszination oder doch zumindest eine neue Glaubwürdigkeit.

Daß allerdings darüber hinaus ein Priester von »Mitarbeit an der Revolution« redet, ist für die Studenten der Nationaluniversität geradezu eine Sensation. Manche trauen diesen neuen Tönen nicht. In der Zeitung der liberalen Revolutionsbewegung steht zu lesen: »Es gibt zwei klassische Methoden, die revolutionären Kräfte zu bekämpfen. Die erste... ist die Methode der direkten Verfolgung, des Terrors.« Die zweite Methode sei der Versuch, die revolutionäre Bewegung zu unterwandern. »Padre Camilo Torres versucht, Studenten der Linken zu Christen zu bekehren, zu Soldaten der neuen Kirche und zu Arbeiterpriestern. Die Verbindung mit den progressiven Pfarrern aber ist für die Gesundheit von Körper und Seele gefährlich. Die geistige Empfindsamkeit vieler revolutionärer Studenten kann sie zur Nachgiebigkeit verführen. Sie sind sich nicht bewußt, daß der wegweisende Pfarrer der neuen Kirche immer der gleiche Pfarrer bleibt, beherrscht von dem kirchlichen Mechanismus im Dienst der Großgrundbesitzer, nur jetzt als ›Sozialist‹ verkleidet. Fürchtet die rotgefütterten Soutanen!«[6]

Diese ziemlich bornierte Polemik ist in mancherlei Hinsicht typisch für die Reaktion linker und liberaler Radikaler auf einen Christen, der nicht mehr in ihr Schema paßt. Einen Punkt haben sie allerdings richtig erkannt: Camilo Torres ist zu dieser Zeit noch der Meinung, revolutionäre Veränderungen seien *innerhalb* der staatlichen und kirchlichen Institutionen möglich. Denn noch steht er am Anfang seiner politischen Praxis, und die kirchlichen und staatlichen Institutionen lassen ihm dabei zunächst einmal freie Hand.

1960 wird Camilo Torres ordentlicher Professor an der neugegründeten Soziologischen Fakultät der Nationaluniversität. Ein Jahr später beauftragt ihn die Regierung, an der Reorganisation der Abteilung für Kommunalaktion mitzuwirken.

Für Camilo ist das die Chance, Lehre und Forschung mit Praxis und Aktion zu verbinden. Zusammen mit seinen Studenten geht er in das Bogotaner Elendsviertel Tunjuelito und verbindet hier erstmals theoretische mit erfahrungsorientierter soziologischer Forschung. Die Gruppe befaßt sich vor allem mit der damals bekanntesten, kirchlich unterstützten Selbsthilfebewegung der Radioschule Sutatenza, die 1949 von Joaquin Salcedo begründet worden war. Die Radioschule baut auf den Lebenserfahrungen der Campesinos auf und leistet Hilfe zur

Selbsthilfe. Sie bewirkt mit der Zeit einen Mentalitätswandel bei den Kleinbauern, der dazu führt, daß diese auch ihre Lebensbedingungen verbessern. Die auf der Radioschule aufbauende »Acción Cultural Popular« (ACPO), eine Erziehungs- und Selbsthilfebewegung zur Gemeindeentwicklung auf der Ebene der Pfarrgemeinden, hat in manchen Gebieten beachtliche Erfolge aufzuweisen. Nach Anweisung der Radioschule werden in den Hütten der Kleinbauern mit einfachsten Mitteln Fußböden gelegt, Wände erneuert, Stühle und Tische gebaut. In manchen Fällen legen die Campesinos gemeinsam eine Wasserleitung. Gesundheits- und Hygieneaufklärung sowie Impfkampagnen verbessern den allgemeinen Gesundheitszustand.

1961 verfaßt Camilo eine Studie über dieses Projekt. »Es ist interessant«, heißt es dort, »daß mehr als 80 von 100 Familien in den Gebieten, in denen die ACPO arbeitet, sich bewußt geworden sind, daß ihr Sozialaufstieg vor allem von ihrer Bildung abhängt.«[7]

Camilo Torres kommt in seiner Studie zu dem Ergebnis, daß die ACPO einen sozialen Wandel in Gang gesetzt hat. Sie hat bewirkt, daß die Bauern eine neue Einstellung zum Wert der Bildung, zum technischen Fortschritt und zur Zusammenarbeit gewonnen haben: »Die Campesinos beginnen zu verstehen, daß eine Verbesserung ihres Lebens möglich ist.«[8]

Dieses positive Urteil wird jedoch relativiert. Die Bauern nämlich stoßen mit ihren neuentdeckten Fähigkeiten und Bedürfnissen an die Grenze einer Gesellschaftsstruktur, die ihren sozialen Aufstieg verhindert. »Das liegt daran, daß die ACPO in ihrer ersten Etappe vorwiegend erzieherisch wirkte, ohne ausreichend auf einer Strukturreform selbst zu insistieren. Dafür aber und zur Verbesserung des sozialen Niveaus wird es notwendig sein, daß in der zweiten Etappe die Arbeit sich auf die Strukturreform als solche konzentriert.«[9]

Hier bahnt sich bereits ein Grundkonflikt an. Joaquin Salcedo, der Gründer der Radioschule, geht von der Veränderung und Erziehung der einzelnen Menschen aus: »Ein unwissendes Volk ist unfähig, seine Probleme zu lösen.«[10] Camilo Torres erkennt dagegen immer mehr die Grenze dieses Entwicklungsansatzes: Da, wo die realen Macht- und Besitzverhältnisse einen sozialen Wandel verhindern, haben auch veränderte Menschen kaum eine Chance, ihre Möglichkeiten zu nutzen; in diesem Fall müssen die Strukturen selbst verändert werden. Drei Jahre später wird er es bei einem Soziologenkongreß in Löwen noch schärfer sagen: »Wenn alle Wege der Veränderung, die das Volk geht, an einer Wand enden, dann muß das Volk diese Wand niederreißen.«[11]

Das aber ist bereits eine spätere Erfahrung. Der Camilo Torres des Jahres 1961 ist noch der Ansicht, daß die dringend notwendige Strukturreform zur Verbesserung der Lebensbedingungen auf dem Land von der Regierung gewollt und in der kolumbianischen Gesellschaft durchsetzbar sei. Bestärkt in seiner Annahme wird er dadurch, daß die von ihm gegründete »Bewegung von Studenten und Professoren für Gemeindeentwicklung« (MUNIPROC) höchste offizielle Lorbeeren erntet. Das MUNIPROC-Programm wird Grundlage einer Regierungskampagne für Kommunalaktion. Die Eröffnung dieser Aktion durch den Erziehungsminister und Camilo Torres wird im kolumbianischen Fernsehen übertragen.

In der Regierung des liberalen Präsidenten Camargo zeigt sich unbestreitbar ein echter Wille zur Reform. Das gibt Camilo die Hoffnung, daß Bewußtseinsänderung nicht nur »unten«, sondern auch »oben« möglich ist. In einem Referat auf dem lateinamerikanischen Soziologiekongreß im September 1961 in Buenos Aires wendet er sich dagegen, »daß die Vorgegebenheit der Klasse total sein soll und jeden fixiert.« Er betont statt dessen, daß es nach Marx »in der herrschenden Klasse eine Minderheit gibt, die sich nicht voll mit den Interessen ihrer eigenen Klasse identifiziert«.[12]

Da spricht Camilo natürlich auch von sich selbst. Der junge, erfolgreiche Professor und beliebte Studentenseelsorger hat selber keine Probleme, die ihn zum Revolutionär machen könnten. Er bezieht ein Monatsgehalt von 3400 Pesos, während die Hälfte der kolumbianischen Erwerbstätigen mit weniger als 400 Pesos monatlich eine durchschnittlich sechsköpfige Familie ernährt. Er ist nicht nur mit Sozialisten, Gewerkschaftsführern, marxistischen Intellektuellen und Protestanten befreundet, sondern geht auch bei Kabinettsmitgliedern, Parlamentariern, hohen Militärs und Großgrundbesitzern ein und aus.»Camilo wurde in den gegensätzlichsten Milieus geliebt und verehrt. Er war allen zeitgenössischen Strömungen gegenüber aufgeschlossen, doch kein Modepriester. Er war geistreich, humorvoll und vital, doch kein Snob in Soutane... Soweit ich weiß, war Camilo, bevor er sich ganz dem revolutionären Kampf verschrieb, in den oberen Gesellschaftsschichten als ein begabter, ausgeglichener, sympathischer Priester angesehen, dem man verzieh, wenn er sich gegen die Ordnung dieser Gesellschaft auflehnte. Man betrachtete es als das Salz in der Suppe oder auch als jugendliche Naivität, wenn er die etablierte Ordnung angriff. Man verzieh ihm wohlwollend diese ›Irrtümer‹ und ›Gleichgewichtsstörungen‹, da die Souveränität, mit der er sprach und handelte, seine witzige, brillante Intelligenz in diesen Kreisen keinen Verdacht aufkommen ließ, Camilos nonkonformistische Überzeugungen könnten existentiell sein und ihnen gefährlich werden«,[13] berichtet sein Freund und Beichtvater, der holländische Karmeliterpater und Sozialpsychologe Ireneo Rosier.

Camilo, der Wanderer zwischen den Welten, tauft Gonzalo, den Sohn des damals noch wenig bekannten linken Journalisten und Schriftstellers Gabriel García Márquez. Er ist der erste Priester, der eine ökumenisch ausgerichtete Trauung zwischen einer Katholikin und einem Protestanten zelebriert. Er kann es sich leisten, sorglos zu leben, aber er behält dieses Privileg nicht für sich; er verschenkt bedenkenlos, was er gerade hat. »Allen alles werden« heißt eben auch, sich in den verschiedensten Milieus zurechtzufinden und die unterschiedlichsten Menschen für sich einzunehmen. Für Rückzug und Besinnung, für ein Privatleben bleibt da wenig Zeit.

Camilo ist ein öffentlicher Mensch, ständig unterwegs zwischen Universität und Kongressen, Aktionen und Einladungen. Er schläft wenig und unregelmäßig und nimmt sich

dafür die Freiheit, bei Vorträgen, beim Essen oder mitten im Partytrubel zwischendurch einzunicken. Er ist für alle da und läßt sich von jedem beanspruchen, dafür ist seine Unpünktlichkeit legendär. Ein Kongreßvormittag platzt, weil Camilo auf dem Weg zu seinem Vortrag von einem Studenten aufgehalten wird, der Liebeskummer hat. Er kommt um drei, wenn er für ein Uhr zum Mittagessen eingeladen ist, und fragt: Ist noch etwas für mich da? Man kann ihm nicht böse sein, auch wenn er diejenigen, die mit ihm zusammenarbeiten, manchmal zur Verzweiflung bringt. Er lebt und arbeitet spontan und völlig unsystematisch; man verzeiht es ihm. Er ist eine sympathische Mischung aus »Energie, Charme und Naivität« und von einer »strahlenden Ehrlichkeit«.[14] Damit nimmt er nicht nur kirchenferne Zeitgenossen für sich ein. Auch gläubigen und praktizierenden Katholiken vermittelt der unorthodoxe Priester ein neues Lebens- und Glaubensgefühl. Für viele, die die versteinerte kolumbianische Kirche nur als bedrückende religiöse und moralische Anstalt kennengelernt haben, ist es einfach befreiend, daß ein Priester lacht, Zarzuelas singt, auf einem Motorroller durch die Stadt fährt, Pfeife raucht und den Frauen gefällt. Am meisten aber fasziniert wohl die Integrität einer Persönlichkeit, bei der Denken, Leben und Handeln eine lebendige Einheit bilden.
Francisco de Paulo Jaramillo ist einer von den bewußten und engagierten Katholiken, die vor allem die geistliche Dimension der Persönlichkeit des Camilo Torres wahrgenommen haben. Ihm ist unvergeßlich geblieben, mit welcher geistlichen Konzentration und innerer Leidenschaft der Studentenseelsorger die Messe vollzog – im Gegensatz zu vielen Priestern, die diesen Vorgang mechanisch »abspulen«. Diese Entdeckung sei der Beginn der Beziehung zwischen ihm und Camilo gewesen. Camilo habe nichts von einem Kleriker an sich gehabt, sondern sein Priesteramt dem Geist nach erfüllt. Dazu gehöre auch, daß er großen Respekt vor dem Laienstand hatte und das Laienelement in der Kirche stärken wollte. Er war einer der ersten Priester, die die Messe nicht mit dem

Rücken zur Gemeinde vollzogen, sondern sich den Gläubigen zuwandten.[15]

Solche Erinnerungen machen deutlich, daß es Camilo bei aller Vielfalt seiner Aktivitäten letztlich immer um eins gegangen ist: um das Apostolat, verstanden als Sendung zum Aufbau des Reiches Gottes in der Welt. Diese im Evangelium begründete Vorstellung von der Möglichkeit eines Neubeginns inmitten von Unrecht und Gewalt durch ein zeichenhaftes, von Nächstenliebe geprägtes Handeln der Christen hat ihn nie losgelassen. Von ihr war er inspiriert, nicht nur als Priester, sondern auch als Soziologe und schließlich als Revolutionär.

Es ist nicht zuletzt die Radikalität dieser evangelischen Inspiration gewesen, die ihn nach und nach in Konflikt mit den bestehenden Autoritäten gebracht hat. Und in diesem Konflikt spürt er erstmals am eigenen Leib, wie eng die Grenzen der Veränderung in der kolumbianischen Gesellschaft gezogen sind.

Am 8. Juni 1962 findet an der Nationaluniversität eine Gedenkfeier für die Studenten statt, die bei einem Schweigemarsch gegen die Diktatur erschossen worden sind. Als Capellan der Universität hält Camilo Torres die Gedenkmesse für die Opfer. Seine Mutter berichtet später: »Camilo kündigte an, man wolle die Messe für alle ermordeten Studenten feiern, auch für die Kommunisten. Erstens, weil Christus gekommen sei, nicht die Guten, sondern die Sünder zu erlösen, zweitens, weil sie im guten Glauben gehandelt hätten und darum gerettet seien.«[16] Isabel glaubt, daß eine Denunziation dieser Äußerungen den Konflikt zwischen Kardinal Concha und seinem Studentenseelsorger heraufbeschworen habe. Tatsächlich aber ist das nur ein weiterer Streitpunkt in einer schon länger schwelenden Auseinandersetzung.

Mitte Juni verteidigt der Capellan und Soziologieprofessor zehn Studenten, die nach einer Demonstration ohne ordentliches Verfahren und ohne Angabe von Gründen von der Universität verwiesen worden sind. Er verfaßt eine Denkschrift, in der Sanktionen allein aus Gründen der politischen Disziplinierung abgelehnt werden. Fast alle Professoren der Soziologischen Fakultät unterschreiben das Papier. Sie mißachten auch die vom Rektor veranlaßte Schließung der Universität und setzen ihre Vorlesungen fort. Als schließlich in studentischen Streikversammlungen die Ernennung von Camilo Torres zum Rektor gefordert wird – eigentlich doch ein schöner Erfolg der kirchlichen Studentenmission! –, sieht Kardinal Concha rot und schreibt einen kurzen Brief: »Sehr geehrter Padre Torres Restrepo, angesichts der jüngsten Ereignisse in der Nationaluniversität habe ich beschlossen, daß Sie sich endgültig von allen Universitätsämtern zurückziehen, sei es als Professor oder als Mitglied irgendeines Rates. Gott beschütze Sie, Luis Kardinal Concha, Erzbischof von Bogotá.«[17]

Camilo gehorcht dieser Anweisung, ohne seinem Bischof in der Sache selbst recht zu geben. Er bleibt seiner Kirche treu, auch wenn er ihr seine Überzeugung nicht opfert: »Der Priester kann und muß in jedem Fall nach seinem Gewissen handeln. Doch er hat nicht die Verantwortung für die ganze Kirche, wie sie der Bischof hat. Trotz der menschlichen Frustration, die es mit sich bringen kann, wenn man sich dem Willen einer anderen Person gegen sein eigenes Urteil unterwirft, gibt es inneren Frieden zu wissen, daß man so durch Glauben und Gehorsam zum Aufbau des Gottesreiches beiträgt... Für einen Christen gibt es kein Scheitern. Für ihn gibt es eine ununterbrochene Bewegung des Geistes durch die Kirche. In dieser Bewegung ist alles Sieg...«[18]

»Der Hunger ist sterblich!«
1962–1964

Die Entlassung Camilos aus den Ämtern der Universität durch den Bischof bedeutet nicht, daß er nun auf der Straße steht. Auch die kolumbianische Kirche kann sich dem Geist der Reform, der seit der Amtszeit von Papst Johannes XXIII. durch die katholische Kirche weht, nicht völlig entziehen. Kardinal Concha ist Realpolitiker; er will öffentliche und innerkirchliche Konflikte um den bekannten und beliebten Priester möglichst vermeiden. Er nimmt ihn aus dem Schußfeld der Nationaluniversität, um ihm andere Aufgaben anzuvertrauen. Schon im Februar 1962 war Camilo Torres Dekan des Instituts für Sozialverwaltung an der Hochschule für öffentliche Verwaltung geworden. Nun erhält er zusätzlich den Auftrag, als Vertreter der Kurie im Vorstand des kolumbianischen Instituts für Landreform INCORA mitzuarbeiten.
1961 ist gegen den Widerstand einflußreicher konservativer Kreise und des Interessenverbandes der Großgrundbesitzer das kolumbianische Landreformgesetz verabschiedet worden. Es soll die Neuordnung der Landbesitzverhältnisse regeln. Viele Latifundien sind so groß, daß ihre Besitzer gar nicht in der Lage sind, das Land wirklich zu nutzen. Diese nicht bearbeiteten Flächen sollen enteignet und landlosen Bauern zur wirtschaftlichen Nutzung übergeben werden. Ihnen will der Staat außerdem Kredite mit fünfzehnjähriger Laufzeit und vier Prozent Zinsen für Hausbau, Saatgut und landwirtschaftliche Geräte bewilligen.
In den nächsten Jahren werden 16 665 Hektar Land enteignet und an landlose Bauern und Landarbeiter vergeben. Das hört sich gut an, ist aber nur ein Tropfen auf den heißen Stein. Tatsächlich wird nur ein Bruchteil der bebaubaren Fläche enteignet und verteilt – die Besitzstrukturen in der Landwirtschaft werden durch die Agrarreform so gut wie gar nicht angetastet.[1]
Dort, wo es tatsächlich zu Konflikten mit Großgrundbesitzern

kommt, zieht die INCORA den kürzeren. Camilo erlebt aus nächster Nähe mit, daß die reformwilligen Kräfte in Staat und Regierung machtlos sind, sobald die Reform an die Macht- und Besitzinteressen der Oligarchie rührt.

Als Vertreter der INCORA fährt Camilo Torres durch das Land, um vor Studenten, Pfarrern, Gewerkschaftern und Gemeindepolitikern Kurse über die Landreform zu halten und die Besitz- und Lebensverhältnisse der Bauern zu untersuchen. Erstmals kommt er dabei in direkten und ständigen Kontakt mit einer Wirklichkeit, die er bisher fast nur in statistischen Zahlen registriert hatte: 68 Prozent aller Bauernhäuser haben keinen Fußboden, 92,6 Prozent kein Wasser, 88,7 Prozent haben keinerlei sanitäre Anlagen, 95,8 Prozent keinen elektrischen Anschluß. Auf 10 000 Einwohner kommen weniger als drei Ärzte, auf 1000 Einwohner weniger als drei Krankenhausbetten.[2]

Camilo erhält nun eine konkrete Anschauung davon, was Armut und Ausbeutung bedeuten – was es heißt, in einer Wellblechhütte krank zu sein oder ein Kind zu gebären, ständig von der Hand in den Mund zu leben, Mangel zu leiden an lebenswichtigen Vitaminen und Nährstoffen. Er erfährt, daß die Landarbeiter für ein Taschengeld auf den Latifundien schuften, während ihre Kinder das kleine Stück Land bearbeiten, das ihrer Familie zusteht. Er wird konfrontiert mit den Repressalien, denen diejenigen ausgesetzt werden, die sich zu Selbsthilfeprojekten oder zu Bauerngewerkschaften zusammenschließen. Ihm wird klar, wie sehr Elend und Gewalt auch die Seelen der Menschen zerstören. Er, der ja auch als Soziologe nicht aufhört, Priester zu sein – auch wenn er »in Zivil« über Land fährt –, und sein kirchliches Apostolat ernst nimmt, kann nicht mehr an der Erkenntnis vorbei, daß der »Aufbau des Reiches Gottes« durch die Lebensumstände des kolumbianischen Landproletariats nicht unwesentlich behindert wird. Das gilt in noch größerem Maße für die Städte, in denen sich in den Elendsvierteln Kriminalität, Alkoholismus und Elendsprostitution breitmachen.

Camilo, der zu dieser Zeit mit seiner Mutter zusammen ein eigenes Haus im Bogotaner Nobelviertel bewohnt, ist schockiert von dem Ausmaß und der Brutalität der Armut. Er fragt sich nicht nur, wie Menschen unter solchen Umständen ein christliches Leben führen sollen – er kann im Grunde gar nicht fassen, daß Menschen überhaupt so leben können. Viele lateinamerikanische Revolutionäre »aus gutem Hause«, allen voran der legendäre »Che«, haben an einem entscheidenden Punkt ihres Lebens ähnlich fassungslos vor der Armut und der strukturell bedingten Gewalt ihres Kontinents gestanden. Sie werden später die Kampf- und Revolutionsbereitschaft insbesondere des Bauernproletariats auch deshalb überschätzen, weil ihre eigene spontane Empfindung und erschrockene Reaktion auf die armselige Existenz der Campesinos dahin geht, »daß das doch kein Leben ist«.

Vorerst aber ist für Camilo Torres die Konfrontation mit der Lebenswirklichkeit der marginalisierten, an den Rand der Gesellschaft und unter die Armutsgrenze gedrängten Menschen ein erneuter Appell an das soziale Gewissen. Immer dringlicher fragt er sich, wie eine schnelle Verbesserung der Lebensverhältnisse für die Armen erreicht werden kann.

Ständige Mitarbeiterin und Diskussionspartnerin wird ihm in diesen entscheidenden Jahren Marguerite »Guitemie« Olivieri, die inzwischen in Kolumbien lebt. Guitemie ist nicht wegen Camilo nach Lateinamerika gekommen. Kolumbien, erzählt sie, sei schon in ihrer Kindheit das »Land ihrer Träume« gewesen.[3] Als sie durch die Vermittlung einer Freundin eine Stelle als Sekretärin bei der Firma Panauto in Bogotá angeboten bekommt, ergreift sie die Gelegenheit und kehrt ihrem ungeliebten Vaterland den Rücken.

In Bogotá kreuzen sich wieder die Wege von Guitemie und Camilo. Eine Zeitlang kommt die junge Frau in Isabels Wohnung unter. Als sie sich während eines Streiks bei Panauto auf die Seite der Arbeiter und gegen die Geschäftsleitung stellt, wird sie entlassen. Von da an ist sie Camilos Sekretärin an der Hochschule für öffentliche Verwaltung und sozusagen »die Frau an seiner Seite«. Sie versucht, ein bißchen Ordnung in

Camilos chaotischen Tagesablauf zu bringen, wacht über seinen Terminkalender und organisiert seine vielfältigen Kontakte. Sie versucht, ihm den Kopf und die Zeit für die wirklich wichtigen Aufgaben freizuhalten, und muß erleben, daß ihre Bemühungen immer wieder scheitern. Camilo ist weiterhin für jeden ansprechbar und wird von vielen mit Beschlag belegt. Er ist grenzenlos hilfsbereit und freundlich, was Guitemie an ihm liebt und bewundert, was sie aber auch nervt. Von Zeit zu Zeit ermahnt sie ihn, seine Kräfte auf das zu konzentrieren, was beiden immer wichtiger wird: die kolumbianische Revolution. Und sie besteht darauf, daß diese Revolution nicht – wie Camilo immer noch glaubt – durch Strukturreform in bestimmten gesellschaftlichen Sektoren zustande kommt, sondern nur durch die Umwälzung und Neuordnung einer Sozialstruktur, die so offensichtlich jeden sozialen Wandel abblockt. In dieser Hinsicht war Guitemie ja schon immer radikaler als Camilo, der sich wohl auch zutiefst wünscht, mit allen Menschen gut Freund bleiben zu können. Trotzdem wäre es falsch, in ihr die treibende Kraft für Camilos revolutionäres Engagement zu sehen.[4] Camilo radikalisiert sich von selber in dem Maße, wie er beginnt, das Elend auf seine Ursachen hin zu untersuchen, und erlebt, wie die im Rahmen des Gesellschaftssystems bleibenden Reformen an diese Ursachen nicht herankommen.

Eine Etappe auf diesem Weg ist die Studie über die Auswirkungen der Violencia auf das Bewußtsein der kolumbianischen Landbevölkerung, die Camilo Torres zu dieser Zeit verfaßt.

Er, der in seiner behüteten Jugend- und Studienzeit von diesen Vorgängen kaum etwas mitbekommen hat, studiert nun im nachhinein das Ausmaß des Schreckens und analysiert die strukturellen und mentalen Veränderungen, die der Terror in den ländlichen Gebieten hinterlassen hat. Schon während seiner Zeit an der Nationaluniversität hatte er seinen Freund, den Pfarrer und Soziologen Germán Guzmán, darauf gebracht, zusammen mit seinen Kollegen Orlando Fals Borda und Eduardo Umaña Luna eine empirische Untersuchung über die

Violencia in Kolumbien durchzuführen. Die Ergebnisse dieser Untersuchung wurden 1962 in der Reihe der soziologischen Monographien der Soziologischen Fakultät der Nationaluniversität veröffentlicht. Dieses Material sowie ein Aufsatz seines alten Studienkollegen Gustavo Pérez über »Die kolumbianischen Bauern, ein Strukturproblem«[5] dienen ihm zusammen mit seinen eigenen Beobachtungen als Unterlage für die soziologische Analyse der Violencia und ihrer Folgen. Seine Ergebnisse trägt er 1963 auf dem ersten kolumbianischen Soziologiekongreß vor.

Camilo befaßt sich vor allem mit der Situation auf dem Land. Das städtische Industrieproletariat ist bei allen seinen Untersuchungen wenig im Blick. Auch später wird er sich von den Bauern eine größere revolutionäre Kraft erhoffen als von den Industriearbeitern.

Die Studie beschreibt zunächst die herkömmliche Situation und charakterisiert die überkommene Landbesitzstruktur, die nicht nur die herrschende Ungerechtigkeit widerspiegelt, sondern auch eine rationelle und produktive Nutzung des Bodens verhindert: »32 Riesengütern von mehr als 10 000 Hektar stehen 337 570 Minifundien gegenüber, Bauernhöfe mit durchschnittlich 1,36 Hektar Land. Insgesamt machen die kleinen Bauernhöfe bis zu 20 Hektar einen Anteil von fast 82 Prozent aller kolumbianischen Landbesitztümer aus. Ihnen zusammen aber gehören nur knapp 12 Prozent der landwirtschaftlichen Anbauflächen...«[6] Doch nicht nur die fehlende Lebensgrundlage verhindert den wirtschaftlichen und sozialen Aufstieg der Kleinbauern. Torres nennt eine Reihe von Faktoren, die zusätzlich dazu beitragen, das Landproletariat in Armut zu halten, und zugleich die Unterentwicklung des Landes insgesamt zementieren.

Dazu gehören zunächst der Individualismus und die soziale Isolierung in der traditionellen bäuerlichen Gesellschaft Kolumbiens. Die Campesinos sind nicht daran gewöhnt, zusammenzuarbeiten, und betreiben eine reine Selbstversorgerwirtschaft. Außerdem lebt der größte Teil der kolumbianischen Bauern über das Land verstreut, nicht in Dörfern, sondern in

Nachbarschaften, die sich über die schwer zugänglichen Anden- und Kordillerenketten verteilen. Eine mangelhafte Infrastruktur, fehlende Transport- und Kommunikationsmittel erschweren den Kontakt der Bauernfamilien untereinander. Die Schulbildung ist völlig unzureichend. Nur 0,2 Prozent der Bauernkinder absolvieren die sechsklassige Grundschule. 37 Prozent der Kolumbianer sind Analphabeten, die meisten davon leben in den ländlichen Gebieten.

Eine besondere Rolle spielt das soziale Kontrollsystem auf dem Land. Es bedeutet für die Campesinos ein gewisses Maß an Sicherheit und Stabilität, aber auch eine fortgesetzte Position der Unmündigkeit gegenüber den vorgegebenen Autoritäten. Man orientiert sich an der Tradition, an den Arbeits- und Verhaltensweisen, die seit Generationen überliefert sind, an den Weisungen des Pfarrers und den Befehlen des wirtschaftlich Stärksten. Und der ist in vielen ländlichen Regionen, in denen sich bis in die Gegenwart die Abhängigkeitsstrukturen einer feudalen Gesellschaft erhalten haben, der Großgrundbesitzer, der Patrón. Diese Orientierung an dem jeweiligen Patrón, von dem die Kleinbauern von jeher bis hin zur Leibeigenschaft abhängig waren, der aber auch in gewissem Umfang für »seine« Bauern sorgte, hatte nicht zuletzt dazu geführt, daß sich die Bauern von ihren konservativen oder liberalen Grundherren in einen über Generationen dauernden Bürgerkrieg gegeneinander treiben ließen. Dieser Konflikt, der schließlich in der Violencia endete, entsprach in keiner Weise den wirklichen Interessen der Campesinos.

Camilo Torres wird es später in seiner »Botschaft an die Oligarchie« so formulieren: »Seit mehr als 150 Jahren hat sich die wirtschaftliche Kaste der wenigen Familien, die fast alle kolumbianischen Reichtümer besitzen, nur zu ihrem eigenen Nutzen die politische Macht angemaßt. Sie haben alle Kniffe und Schwindel bemüht, um das Volk zu betrügen und ihre Macht zu bewahren. Sie führten die Spaltung in Liberale und Konservative ein. Diese Trennung, die das Volk nicht versteht, diente dazu, den Haß im Volk zu säen. Dieser überlieferte

Isabel und Calixto Torres mit Gerda und Edgar Westendorp aus Isabels erster Ehe, Fernando und Camilo, 1931

Camilo Torres, 1938

Camilo Torres als Seminarist des Priesterseminars in Bogotá, 1948

Camilo Torres (links) und Gustavo Pérez (Mitte) mit anderen Studenten vor der Katholischen Universität in Löwen/Belgien, 1954

Camilo und Isabel zu Besuch bei Fernando Torres in New York, 1954

Camilo Torres wird Studentenseelsorger an der Nationaluniversität und Professor für Soziologie, 1959

Camilo Torres (Bildmitte) zusammen mit Studenten der Nationaluniversität während einer Demonstration in Bogotá, 1959

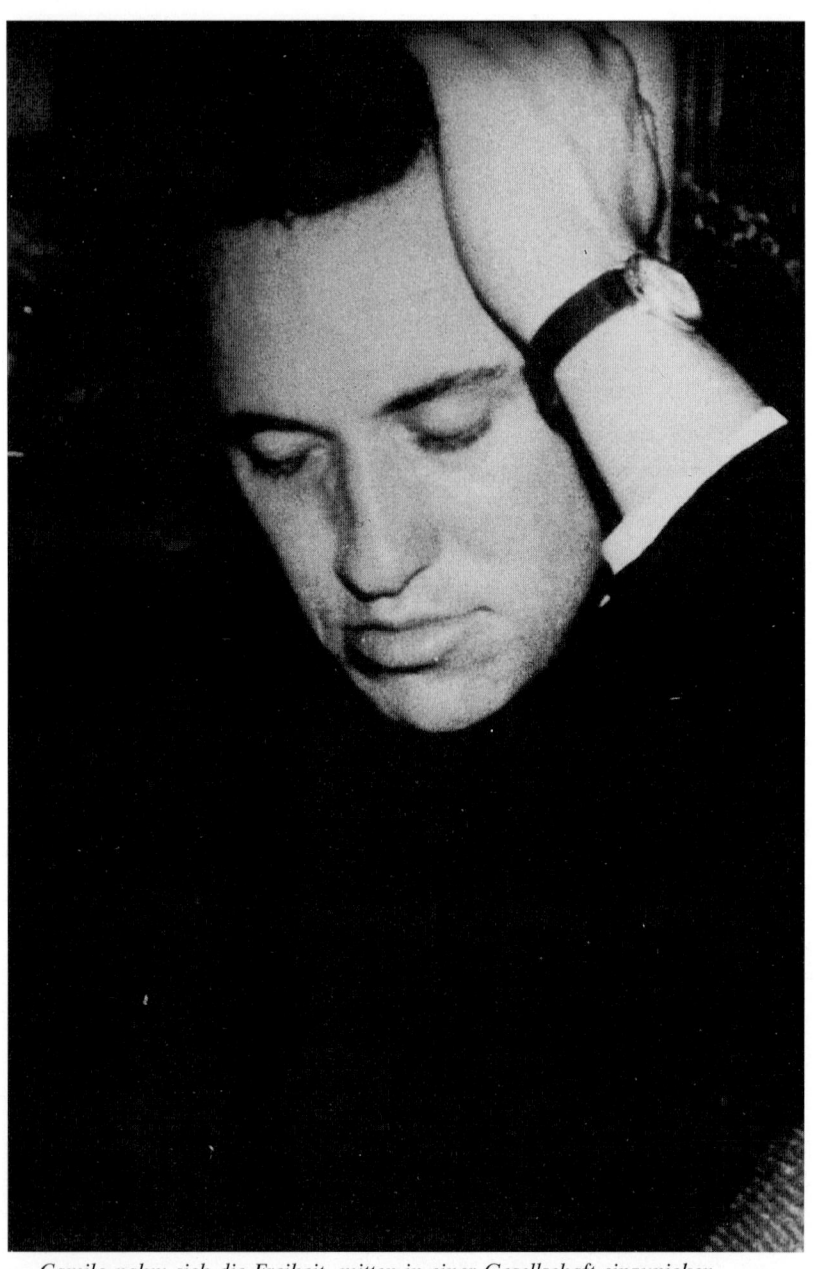

Camilo nahm sich die Freiheit, mitten in einer Gesellschaft einzunicken...

Camilo Torres (Bildmitte) spricht auf einer Veranstaltung der Frente unido, 1965

Camilo Torres, »el padre revolucionario«

Marguerite »Guitemie« Olivieri, Camilos Sekretärin und politische Weggefährtin

Jaime Arenas, in der Frente unido Camilos Leibwächter und später Verbindungsmann zur ELN

Por Fin Camilo Torres en La Dorada!!

Hoy, 9 de octubre, a las 3 p. m., en el Parque Gaitán

Gran concentración para escuchar la conferencia Socio-económica que pronunciará el Padre

CAMILO TORRES

Asimismo, en este acto, los voceros de la Dorada intervendrán para hacer claridad sobre las resoluciones que establecen las tarifas del agua y a la vez, tratar el problema de la luz y los teléfonos, servicios administrados por tres entidades que están perjudicando los intereses de la ciudadanía en general.

COMISION DE PROPAGANDA

La Dorada, octubre 9 de 1965

Eine der letzten öffentlichen Veranstaltungen mit Camilo Torres, 1965

Camilo Torres (rechts) mit den beiden Anführern der ELN, Fabio Vasquez Castaño (links) und Víctor Medina Morón, 1965

Camilo (links) als Guerillero in den Bergen, Ende 1965

Camilo Torres nach seinem Eintritt in die ELN, 1956

Haß, vererbt von den Eltern auf die Kinder, hat einzig der Oberschicht gedient... Das Volk versteht die Politik der Reichen nicht. Aber seine ganze Wut, die es fühlt, weil es nicht genug zu essen hat, weil es nichts lernen kann, weil es krank ist und ohne Haus, ohne Land, ohne Arbeit – all dieser Groll entlud sich in unsinnigen Kämpfen der armen Liberalen gegen die armen Konservativen...«[7] Das ist ein agitatorisch vereinfachtes Fazit dessen, was in der Violencia-Studie von 1963 und in anderen Untersuchungen im einzelnen erfaßt und analysiert worden ist.

Nun kommt es aber Torres in dieser Studie darauf an, die Veränderungen, die das Geschehen insbesondere in der Mentalität der Bauern bewirkt hat, festzuhalten und zu bewerten. Denn die Explosion der Gewalt in der Violencia hat die traditionellen Strukturen und Kanäle, in denen sich diese Gewalt bisher bewegt hatte, gesprengt. Die Notwendigkeit, sich gegen eine völlig außer Kontrolle geratene Gewalttätigkeit zu schützen, hat in einigen Regionen liberale, konservative und revolutionäre Bauern erstmals zu gemeinsamen Aktionen zusammengeführt. Dabei war es vor allem der Bildungsarbeit der kommunistischen Partisanen zu verdanken, daß die Bauern ihren gemeinsamen Feind erkannten und in selbstgeschaffenen Schutzzonen Formen der Selbstverteidigung und der Selbstverwaltung aufbauten.

Was bedeutet nun diese Erfahrung für die Einstellung der Bauern? Das Ergebnis seiner Untersuchung faßt Torres in zehn Thesen zusammen, in denen es unter anderem sinngemäß heißt: Die Violencia durchbrach die soziale Isolierung der traditionellen bäuerlichen Gesellschaft, sie stellte das ländliche soziale Kontrollsystem in Frage, förderte die genossenschaftliche Zusammenarbeit und steigerte das Selbstwertgefühl der Bauern. Die Bauern empfinden sich nun zum ersten Mal in ihrer Geschichte als eine soziale Gruppe mit eigenen Interessen, die sie gemeinsam gegen andere Gruppen, Personen und auch gegen traditionelle Autoritäten formulieren und durchsetzen können – mit einem Wort: die Bauern entwickeln »Klassenbewußtsein«.[8]

Abschließend macht Camilo Torres warnend darauf aufmerksam, daß sich dieses neue revolutionäre Potential gewalttätig oder sogar, wie in der Violencia, pathologisch kriminell manifestieren kann, wenn andere Wege für einen sozialen Aufstieg verschlossen bleiben. Er beklagt, daß die herrschende Führungsschicht wenig Neigung zeigt, grundlegende Strukturveränderungen für einen sozialen Wandel in Gang zu bringen. Um so mehr erwartet er sich von der Heranbildung einer Führungsschicht an der Basis, die, wenn sie nach oben drängt, »die Struktur unserer führenden Klasse verändern könnte, soweit diese fähig sein wird, rechtzeitig die Gefahr einer Umwälzung zu erkennen, die sie völlig zerstören würde, weil sie sich den unvermeidlichen sozialen Veränderungen nicht anzupassen vermochte.«[9]
In diesen Sätzen wird deutlich, daß Camilo trotz aller Vorbehalte gegenüber der herrschenden Führungsschicht die Hoffnung noch nicht aufgegeben hat, sie könne schon aus Vernunft und selbsterhaltender Voraussicht die überfällige Strukturreform auf den Weg bringen. Kritiker aus dem Lager der linken Organisationen, die aufgrund eigener leidvoller Erfahrungen mit der Oligarchie diese Hoffnung nicht teilen können, werfen Camilo nicht nur Blauäugigkeit gegenüber der herrschenden Klasse vor; sie weisen auch darauf hin, daß er bei seiner Analyse der kolumbianischen Situation völlig die Interessen und Absichten des »großen Bruders aus dem Norden« außer acht läßt.
Die kolumbianische Oberschicht ist mit den USA in mancherlei Hinsicht, vor allem aber in dem »Kreuzzug gegen den Kommunismus« verbunden. Als einziges lateinamerikanisches Land stellte Kolumbien ein eigenes Bataillon »Colombia« im Koreakrieg. Dort hatte nicht nur der Exdiktator Rojas Pinilla seine ersten Erfahrungen im Kampf gegen die »Subversion« gesammelt, sondern auch General Alvaro Valencia Tovar, der als Vertreter der kolumbianischen Armee mit Camilo Torres zusammen in der INCORA arbeitet.
Schon in den fünfziger Jahren war unter der Schirmherrschaft des US-amerikanischen Geheimdienstes CIA die erste latein-

amerikanische Schule für Aufstandsbekämpfung in Kolumbien gegründet worden. Dort wird ab 1960 ein neues Konzept zur »Befriedung« sozialer Unruheherde erprobt, das US-amerikanische Strategen unter der Bezeichnung LASO (»Latin American Security Operation«) entwickelt haben.[10] Diese Operation sieht im Kampf gegen die Guerilla zwei Etappen vor: die psychologische Kriegsführung, bei der das Militär im »Befriedungsgebiet« als Freund und Entwicklungshelfer auftritt, und die offene militärische Konfrontation, wenn die friedlichen Methoden nicht greifen. Das Modell dieser vorbeugenden Kriegsführung wird bald in ganz Lateinamerika mit Erfolg im Antiguerillakampf eingesetzt.

Dabei ist unverkennbar, daß die Militär- und Geheimdienststrategen erstmals die soziale Problematik in ihre Überlegungen einbeziehen. Das ist in gewisser Weise ein Fortschritt gegenüber einer Strategie, die auf soziale Konflikte bisher ausschließlich mit Gewalt reagiert hat. General Valencia Tovar gehört zu den Reformkräften im kolumbianischen Heer, die von der alten Garde mißtrauisch beobachtet werden. Er unterstützt den Reformkurs der Regierung in der INCORA und ist dort mit Camilo Torres freundschaftlich verbunden. Sie teilen damals noch die Meinung, daß man der Guerilla nur dann den Boden entziehen kann, wenn man die Ursachen der Gewalt beseitigt.

Ähnlich lauten die Überlegungen, die zur gleichen Zeit in der neuen US-Regierung unter Präsident Kennedy angestellt werden und die in einem Entwicklungsplan für Lateinamerika, der »Allianz für den Fortschritt«, münden. Diesem Plan verdankt übrigens auch die INCORA ihre Entstehung und einen Teil ihres Budgets. Soziale Entwicklung in Verbindung mit dem Kampf gegen den Kommunismus – so lautet die neue Formel der US-amerikanischen Lateinamerikapolitik.

Daher ist die LASO trotz aller sozialen Ambitionen eben doch erklärtermaßen eine spezielle Art der Kriegsführung – gegen die »Subversion«, wie es bald im offiziellen Sprachgebrauch heißt, das heißt gegen alle Kräfte, die der herrschenden Wirtschafts- und Gesellschaftsordnung und damit auch den ameri-

kanischen Interessen gefährlich werden könnten. Die Soldaten, die als Erntehelfer, Straßen- und Brückenbauer auftreten, Kleider und Essen aus nordamerikanischen Spendenaktionen verteilen und Schulen errichten, sammeln zugleich Informationen über die politische Gesinnung der Bevölkerung, agitieren gegen die Guerilla, die die guten Absichten der Regierung vereitelt, werben Spitzel und Denunzianten an. Denen, die Aktionen der Guerilla verraten oder zur Ergreifung von Guerillaführern beitragen, winkt eine hohe Belohnung.
General Valencia Tovar ist von der Berechtigung dieses Vorgehens bis heute überzeugt. Daß sein Freund Camilo Torres zu den ersten Opfern dieser neuen Strategie gehörte, ist ihm eine schmerzliche Erfahrung, aber kein Anlaß, etwas von seiner Position zurückzunehmen.[11]
Wo der Wille zur Reform und zum sozialen Fortschritt aufhört und die Bereitschaft zur Repression anfängt, macht jedoch schon der Konflikt um die Unabhängige Bauernrepublik Marquetalia deutlich. Hier waren alle Versuche, das Gebiet mit den Mitteln der psychologischen Kriegsführung zu »befrieden«, gescheitert. Im Jahre 1962 fordert daher der über ein eigenes Spionagenetz verfügende US-amerikanische Geheimdienst CIA die kolumbianische Regierung auf, die noch bestehenden Bauernrepubliken zu liquidieren.[12] Die im Antiguerillakampf ausgebildete 6. Brigade greift kurz darauf das Gebiet der Bauernrepublik Marquetalia an, ohne den Widerstand der bäuerlichen Selbstschutztruppen brechen zu können. Schließlich werden 16000 Soldaten, ein Drittel der kolumbianischen Armee, bei der »Operación Marquetalia« eingesetzt, die das umkämpfte Gebiet in einer Luftlandeoperation einnehmen. Ein Jahr später ergibt sich die sechs Monate lang eingekreiste und belagerte »Unabhängige Republik El Pato«.
Die Erfahrung, daß die kolumbianische Regierung unter dem Druck der herrschenden Klasse und der US-Regierung einen Krieg im eigenen Land führt, treibt vor allem die kritische Intelligenz endgültig in das Lager der linken Opposition. Die gewaltsame Beendigung eines Experiments, das die Möglichkeit einer grundlegenden Strukturreform in den autonomen

Gebieten demonstriert hatte, ist für sie der Beweis dafür, daß die bestehende Gesellschaft diese Reform nicht durchführen kann und will.
Dieser politische Radikalisierungsprozeß geht auch an Camilo nicht vorbei. Ein Jahr nach der Vernichtung von El Pato, im September 1964, hält er auf dem zweiten internationalen Kongreß »Pro Mundi Vita«, der von den religionssoziologischen Instituten zusammen mit katholischen Hilfsorganisationen, Kongregationen und Bischofskonferenzen aus aller Welt in Löwen veranstaltet wird, einen Vortrag, in dem er zum ersten Mal die Teilnahme von Christen an revolutionären Aktionen fordert.
Erstmals taucht hier auch der Gedanke einer Zusammenarbeit von Christen und Marxisten auf, der bislang eigentlich kaum eine Rolle in den Veröffentlichungen des Camilo Torres gespielt hat. Doch inzwischen sieht Torres diese beiden Gruppen als die einzigen an, die aufgrund ihrer selbstlosen Ethik den Kampf für soziale Gerechtigkeit führen könnten. In seinem Vortrag denkt Camilo darüber nach, unter welchen Bedingungen das Zusammengehen christlicher und revolutionärer Kräfte eine Chance haben könnte. Er macht deutlich, daß die Zuständigkeitsbereiche, die Wahl der Mittel und die Zielsetzungen immer wieder diskutiert und gemeinsam festgelegt werden müssen. Unter dieser Voraussetzung könnten sich Christen und Marxisten gegenseitig ergänzen, aber auch korrigieren. Camilo fragt: »Kann die entschiedene und sachgerechte Mitarbeit der Christen in einem in sich gerechten Prozeß nicht schlechte Mittel und Ziele ausschalten? Analysiert man die marxistische Problemlösung näher, kann man, glaube ich, bejahend antworten. Der dialektische und historische Materialismus scheint... eher eine nützliche theoretische Grundlage der revolutionären Praxis als ein Ziel zu sein.«[13]
Camilo hofft, daß eine christliche Praxis, die beweist, daß Religion nicht »Opium des Volkes« ist, die Marxisten einmal zur Revision ihrer atheistischen Weltanschauung bringen könnte. Aber dieses Ziel ist für ihn nicht vorrangig. Was ihn hier und jetzt mit den Marxisten verbindet, ist der Wunsch nach schnel-

ler revolutionärer Veränderung einer bestehenden Gewaltsituation.
Camilo entschließt sich nicht leichtfertig für die Anwendung revolutionärer Gewalt. Er macht aber deutlich, daß dort, wo er lebt, bereits Gewalt herrscht, die auf direkte und indirekte Weise unzählige Menschen das Leben kostet. Wenn alle friedlichen Mittel erschöpft sind, diese Gewalt aufzuhalten, ist der revolutionäre Kampf die letzte Möglichkeit, die Menschenrechte wiederherzustellen. Darin ist sich Camilo mit den Kommunisten seines Landes einig. Wenig später wird er in diesem Zusammenhang sagen: »Wofür streiten sich die Katholiken... mit den Kommunisten darüber, ob die Seele sterblich oder unsterblich ist, anstatt sich einig zu werden: Der Hunger ist sterblich!«[14]
Daß der Hunger sterblich ist, ist für Camilo ein ausreichender Grund für das revolutionäre Engagement der Christen. Anders als spätere lateinamerikanische Theologen entwickelt er keine theologische Begründung für die Notwendigkeit der Revolution. »Camilo Torres war kein Befreiungstheologe, aber er war derjenige, der durch sein Leben und seine Praxis die Bresche geschlagen hat für die Theologie der Befreiung und die Kirche der Armen«, betont Pater Raoul Mendez.[15]
Für Camilo bleibt nach wie vor das Prinzip der Nächstenliebe Richtschnur seines Handelns. Er will als Soziologe dieses Prinzip in soziale Kategorien übersetzen und es als Priester und Revolutionär in den sozialen Strukturen seines Landes verwirklichen. Er sagt, daß die Liebe wirksame Mittel finden muß, um sich durchzusetzen in einer Welt des Unrechts und der Gewalt. Und möglicherweise ist das einzige wirksame Mittel die Revolution.
Camilo will keinen katholischen Sonderweg, keine »christliche« Revolution und auch keine »christliche« Partei. Eingedenk der Mahnung des Kardinals Suhard, daß Christen nichts anderes als »Sauerteig« in der Welt sein sollen, will er weder die Revolution noch die Revolutionäre »taufen«. Er will ganz einfach als Christ der Revolution der bestehenden und dem Aufbau einer gerechteren Gesellschaft zur Verfügung stehen,

auch wenn dies unter sozialistischen Vorzeichen geschehen sollte. In diesem Sinne schließt Camilo Torres seinen Vortrag auf dem Kongreß »Pro Mundi Vita« mit den Worten: »Es ist eine Pflicht der Christen in den armen Ländern, an der Revolution und ihrer Wirtschaftsplanung mitzuarbeiten. Diese Planung ist eine Vorbedingung für die Wirksamkeit des echten Dienstes an der Mehrheit und somit eine Bedingung der Liebe in diesen Ländern. Es ist sehr wahrscheinlich, daß die Marxisten dabei die Führung übernehmen. In diesem Fall wird der Christ mitarbeiten, soweit es ihm seine sittlichen Grundsätze erlauben. Dabei wird er seiner Pflicht eingedenk sein, schlimmere Übel zu verhindern und das Gemeinwohl zu suchen... Ohne ihre Überzeugung zu verraten, ohne Sieger und Besiegte zu sein, können Christen so mitarbeiten am Aufbau einer besseren Welt, die sich immer mehr dem Ideal der universalen Liebe annähert.«[16]

»Die Revolution ist ein christliches Gebot«
1964–1965

Anfang 1965 erscheint Camilos Vortrag in Bogotá unter dem Titel: »La revolución – imperativo christiano« – »Die Revolution ist ein christliches Gebot«. Zugleich wird bekannt, daß der Priester und Soziologe Camilo Torres sich bereit erklärt hat, als Repräsentant eines linken Oppositionsbündnisses gegen die Regierung und die hinter ihr stehenden Machtgruppen anzutreten.
Dieser Schritt ist Camilo nicht leichtgefallen. Als er Ende 1964 von Vertretern verschiedener oppositioneller Gruppen gebeten wird, die Führung in einem Bündnis der »nonkonformistischen Kräfte« zu übernehmen, bittet er seinen engsten Vertrauten, Pater Ireneo Rosier, um Rat. Dieses Gespräch, das im Dezember 1964 im Bogotaner Exklusivrestaurant »Los Arrayanes« stattfindet, ist später von Ireneo Rosier in verschiedenen Zusammenhängen weitergegeben und aufgezeichnet worden. Daher läßt sich der Ablauf im wesentlichen rekonstruieren.
»Ich vermute«, sagt Camilo, »du stimmst mit mir überein, daß Kolumbien andere soziale und wirtschaftliche Strukturen braucht, damit die Leute sich wirklich emanzipieren können. Viele lehnen das gegenwärtige System ab... Doch wegen unseres Zweiparteiensystems haben sie keine Stimme in der Regierung. Aber im Alltag ist ihr Protest zu hören. Im Laufe der Jahre habe ich das Vertrauen der verschiedenen nonkonformistischen Gruppierungen gewonnen... Sie haben nun an mich appelliert, diese revolutionären Kräfte zu vereinigen. Ich glaube, ich bin verpflichtet, diesem Appell zu folgen. Die Mehrheit unseres Volkes hat niemanden, der ihre Rechte verteidigen könnte... Sie wollen mich an der Spitze der Revolution sehen. Das aber heißt für mich, ich muß das mir Liebste, die Ausübung meines Priesteramtes, aufs Spiel setzen.«[1]
Pater Rosier kennt Camilo und die kolumbianische Kirche gut

genug, um zu wissen, daß dieser Konflikt schmerzlich und unvermeidlich sein wird. Er geht mit Camilo alle Punkte durch, die es in politischer Hinsicht zu bedenken gibt. Was geschieht zum Beispiel, wenn Camilo Torres seines Amtes enthoben wird und nicht mehr als Priester daherkommt? Würde er nicht einen großen Teil seiner Macht, seiner Popularität und seiner Ausstrahlung auf die Masse der Bevölkerung verlieren? Könnte der Zivilist Camilo Torres noch die Kraft haben, die Revolution im Sinne des christlichen Liebesgebots zu beeinflussen?

Andere Fragen sind eher persönlicher Art: Sind bei Camilo nicht auch menschliche Eitelkeiten im Spiel? Gibt es unausgesprochene persönliche Motive? »Wir haben voreinander nichts zu verbergen. Du bist ein so vitaler Mann, daß du vielleicht unbewußt nach einem Motiv suchst, um dich vom Zölibat zu befreien. Wenn persönliche Beweggründe eine Rolle spielen, benutze nicht die Revolution... Du brauchst keine ›Tour de Colombie‹ aufzuziehen, um später zu heiraten.«[2]

Damit spricht Pater Rosier aus, was viele denken, die Camilo nicht näher kennen. Seine unklerikale Lebensweise hatte in den konservativen katholischen Kreisen Bogotás schon zu manchen Verdächtigungen geführt.

»In der Kirche herrschte früher eine riesige Distanz zwischen dem Priester und den normalen Gemeindemitgliedern«, sagt Cecilia Gomez, die als Hausangestellte in einer katholischen Gemeinde in Bogotá die Stimmung an der Gemeindebasis kennt. »Wenn da mal ein Priester gut mit den Jugendlichen und den Frauen in der Gemeinde zusammenarbeitete, hieß es gleich, der ist bestimmt in eine verliebt. Daß Camilo Frauengeschichten angehängt wurden, hat wohl damit zu tun, daß er die übliche priesterliche Distanz bewußt aufgegeben hatte.«[3]

Ähnlich äußern sich Camilos ehemalige Freunde, Mitarbeiter und Studenten. Es habe kaum einen Priester gegeben, dem das Priesteramt so existentiell wichtig gewesen sei wie Camilo. Und der betont nun auch noch einmal seinem Beichtvater gegenüber, daß er dieses Amt nicht für eine Ehe opfern würde – und für die Revolution auch nur deshalb, weil diese ihm als eine priesterliche Aufgabe erscheine: »Für mich ist das Wichtigste an meinem Priesteramt die Eucharistie, die Verbindung mit Christus, die sakramentale Vereinigung mit ihm... Aber es scheint mir eine Beleidigung und ein Angriff auf Christus selbst zu sein, wenn unsere Eucharistiefeier nicht gleichzeitig der Höhepunkt unserer menschlichen Fürsorge, Ehrfurcht und Liebe ist.«[4] Pater Rosier glaubt ihm und erteilt Camilo eine Art Absolution: »Das Wichtigste ist, daß du von deinem Priestertum her aus Liebe zu Christus handelst und von Christus her aus Liebe zu deinem Volk. Du könntest dich dabei dem Widersinn gegenübersehen, daß deine Liebe zu Christus die Ursache dafür sein wird, daß man dir verbietet, dein Priesteramt auszuüben. Du wirst unter Umständen dieses paradoxe Opfer bringen müssen... Deine Motive sind völlig gerechtfertigt. Wenn sie dich rufen, dann verweigere dich nicht.«[5]

Kurz darauf trifft sich Camilo mit den Führern verschiedener oppositioneller Parteien und Bewegungen bei dem Chefredakteur der linken Wochenzeitschrift »La Nueva Prensa« (Die Neue Presse), Alberto Zalamea. Die Gruppierungen, die dort zusammenkommen, sind weder politisch noch ideologisch auf gleichem Kurs. Der allen gemeinsame Nenner ist die Opposition gegen ein politisches System, in dem die beiden großen Parteien, von nicht mehr als 20 Prozent der Wähler legitimiert, die Macht untereinander hin- und herschieben, ohne die Mehrheit des Volkes an den gesellschaftlichen Entscheidungsprozessen zu beteiligen. Daß auf den konservativen ein liberaler Präsident folgen würde oder umgekehrt, war ohnehin beschlossene Sache. Außerdem waren nur die konservativen und die liberalen Kandidatenlisten zugelassen. Kandidaten einer anderen Partei konnten nur auf der einen oder anderen Liste »mitkandidieren«. Vor allem in den ländlichen Gebieten waren Stimmenkauf und Wahlbetrug an der Tagesordnung. All das hatte dazu geführt, daß sich bei der Präsidentschaftswahl des Jahres 1962 fast 80 Prozent der Kolumbianer geweigert hatten, überhaupt zu den Wahlurnen zu gehen. Der amtierende Präsident und seine Regierung stützten sich also nur auf eine Minderheit innerhalb der kolumbianischen Bevölkerung.

Dies und die Unfähigkeit des herrschenden Machtkartells, die soziale Frage zu lösen, bringt sie alle auf die Barrikaden: die Liberale Revolutionäre Bewegung MRL, die Nationale Volksallianz ANAPO, die Christlichen Sozialdemokraten, die Kommunistische Partei, die maoistische Marxistisch-Leninistische Partei, verschiedene Studentenorganisationen und Gewerkschaftsverbände. Der Einfachheit halber treffen sie sich unter der allgemeinen Bezeichnung des »Nonkonformismus«. Und sie einigen sich darauf, daß die zersplitterten nonkonformistischen Kräfte ein gemeinsames Grundsatzprogramm erstellen sollen, das die Plattform für eine Bewegung zur Umgestaltung der kolumbianischen Gesellschaft sein wird.

Für die Erarbeitung dieser Plattform werden Studienkomitees gebildet, die sich mit den verschiedenen Programmpunkten befassen sollen. Ihre Ergebnisse zu den Themen Agrarreform, Verstaatlichung, Wirtschaftsplanung, Kommunalaktion, Erziehungswesen und zwanzig weiteren politischen und sozialen Schwerpunkten sollen in dem Bündnis diskutiert und abschließend von Camilo Torres in einem Manifest zusammengefaßt werden.

Das ist ein guter Anfang, doch dann geht es nur mühsam weiter. Anfang März haben erst zwei Studienkomitees ihre Ergebnisse vorgelegt. Für Camilo, der Priester, Soziologe und Revolutionär, aber kein Politiker ist, geht das nicht schnell genug. Er verfaßt im Alleingang eine »Plattform zur Bildung einer Einheitsbewegung des Volkes« (Plataforma para un movimiento de unidad popular) und stellt sie am 12. März 1965 während eines Referats vor Industriellen und Politikern in Medellín der Öffentlichkeit vor.

In der Begründung für die Plattform heißt es: »Diejenigen, die heute die Macht im Land ausüben, bilden eine soziale Minderheit; von ihr gehen aber alle Entscheidungen in der nationalen Politik aus. Diese Minderheit wird niemals Beschlüsse fassen, die ihre eigenen oder die ausländischen Interessen, mit denen sie liiert ist, antasten.«[6] Im Interesse der Mehrheit der Bevölkerung müsse die politische Macht in die Hände derer übergehen, die den sozialen Fortschritt des Landes und seine nationale Unabhängigkeit über die Privilegien einer Minderheit stellen.

Anschließend werden die Ziele der Volkseinheitsbewegung kurz umrissen: Verteilung und genossenschaftliche Nutzung des Landes in einer umfassenden Agrarreform, Verstaatlichung der Banken und Versicherungen, des Gesundheitswesens, der öffentlichen Verkehrsmittel und der Bodenschätze, Schaffung eines für alle zugänglichen Bildungssystems, einer Gesundheitsfürsorge und einer Sozialversicherung, Demokratisierung aller öffentlichen Institutionen, Abschaffung der Streitkräfte zugunsten eines Zivildienstes, Gleichberechtigung der Frauen.

Die Plattform endet mit einer Anweisung zur Sofortaktion. Wer dem Programm zustimmt, soll sich der »Einheitsfront der Volksbewegungen« (Frente unido de movimientos populares) anschließen. Auf lokaler Ebene sollen Aktionskomitees gebildet werden, die jeweils Vorsitzende und Stellvertreter wählen. Die Delegierten dieser Komitees sollen sich am 20. Juli 1965 in Bogotá treffen, um die nächsten politischen Ziele der Einheitsfront und ihre Position zur Präsidentschaftswahl im Frühjahr 1966 abzustimmen.

Die Plattform schlägt wie eine Bombe ein; und Camilo, der zunächst stolz darauf ist, »die Bombe gezündet« zu haben, wird von allen Seiten unter Beschuß genommen. Seine politischen Freunde werfen ihm vor, mit einem nicht abgestimmten und nicht ausgereiften politischen Programm viel zu früh an die Öffentlichkeit getreten zu sein.

Tatsächlich hat das spontane und nicht eben demokratische Vorgehen Camilos seine Rolle als Einzelkämpfer für die Frente unido vorprogrammiert, die für ihn selber wie auch für das Bündnis, das er repräsentiert, zur Belastung werden wird. Mit einigen Programmpunkten – zum Beispiel der Abschaffung der kolumbianischen Streitkräfte, die in einer hastig

überarbeiteten Plattform zurückgenommen wird! – sind seine Bündnispartner überhaupt nicht einverstanden. Doch um überhaupt noch etwas von der Einheitsfront zu retten, müssen sie nun notgedrungen die Flucht nach vorn antreten und sich trotz unterschiedlicher Bedenken und Einwände hinter die Plattform stellen. Viele würden sie am liebsten heimlich wieder in der Schublade verschwinden lassen. Aber inzwischen hat sich die Presse auf das Dokument gestürzt und damit Bewegung in die politische Landschaft gebracht. Die Reaktion reicht von begeisterter Zustimmung bis zu wütender Ablehnung. Und Camilo, dessen Manifest von Fachleuten und Politikern als zu einfach, zu unausgegoren, zu naiv abgetan wird, erlebt, daß die Studenten und Arbeiter, aber auch die bis dahin oft gleichgültige und resignierte Masse der Bevölkerung die Plattform vorbehaltlos begrüßt, »denn sie verkörpert den Protest des Volkes, seine Unzufriedenheit und die Sehnsucht nach Gerechtigkeit«.[7]
Camilo gibt zu, daß er einen politischen Fehler gemacht hat, verteidigt aber auch seine Plattform: »Es ist ein Arbeitsdokument, das von Wissenschaftlern diskutiert und vervollständigt werden muß... ein Vorschlag jedoch, der so viele Reaktionen ausgelöst hat, muß trotz allem respektabel sein.«[8] Und später wird er, der es als anerkannter Wissenschaftler und Soziologe ja wissen muß, sagen: »Theoretische Lösungen fehlen uns nicht... Es fehlt nicht an Plänen, nicht an Sachkunde, nicht an Wissen um die Probleme und die Möglichkeiten ihrer Bewältigung... Das Volk weiß, daß es nicht das Problem ist, Lösungsvorschläge zu haben, sondern daß wir viele Lösungen haben, man sie aber auf keinen Fall anwenden will...«[9]
Daß die in der Plattform angegriffene Führungsschicht mit Ablehnung und politischem Druck reagiert, nimmt Camilo gelassen hin. Weniger gleichgültig ist ihm die Reaktion seiner Kirche. Die Auseinandersetzung mit ihr ist wohl das entscheidende Drama in der kurzen Geschichte des Revolutionärs Camilo Torres.
Zunächst einmal stimmt Kardinal Concha der Entlassung Camilos als Dekan des Instituts für Sozialverwaltung durch

den Rektor der Hochschule für öffentliche Verwaltung zu. Zugleich macht er Camilo ein Angebot zur Güte; er soll im Seelsorgeamt der Bogotaner Kurie die Leitung der sozialen und religionssoziologischen Forschungsabteilung übernehmen.
Camilo lehnt nicht direkt ab; aber er schreibt einen Brief an den Leiter des Seelsorgeamtes, Weihbischof Ruben Isaza, in dem er deutlich macht, daß er sich nicht auf den Kurs der kolumbianischen Kurie »zurückpfeifen« läßt: »Ich fühle nach gründlichem Nachdenken über das Angebot einen tiefen Widerwillen, in der klerikalen Struktur unserer Kirche zu arbeiten... Ich bin sicher, daß mich eine Arbeit in der Kurie von der Welt und den Armen abschließt und in die geschlossene Gruppe einer Organisation einschließt, die zu den Mächtigen dieser Welt zählt.«[10] Im weiteren Verlauf seines Briefes macht Camilo Torres deutlich, wie eine Kirche aussehen müßte, der er guten Gewissens dienen könnte. Sie müßte dafür sorgen, daß in der religiösen Erziehung die »persönliche Überzeugung wichtiger ist als eine bloße Anpassung an Familie und Gesellschaft«. Sie müßte die »hingebungsvolle Liebe« und die Verkündigung des Evangeliums höher achten als die Kirchenlehre und den äußeren Kult. Und sie müßte selbst eine andere soziale Gestalt haben, auf ihre ökonomische und politische Macht verzichten und die »kulturelle, soziale und psychische Trennung zwischen Klerus und Gläubigen« überwinden. Schließlich wäre es an der Zeit, sich dem wissenschaftlichen Denken zu öffnen und vor allem: endlich wirkliche Solidarität mit den Armen zu üben.
Selten hat sich Camilo so kritisch gegenüber seiner Kirche geäußert. Bisher war für ihn der Aufbau des Reiches Gottes immer mit dem Wirken der Kirche identisch gewesen. Nun wird ihm deutlich, daß sich dieses Reich der Liebe und der Gerechtigkeit möglicherweise auch außerhalb der Kirchenmauern in der Welt durchsetzen muß. Er, der seine Kirche liebt und den Gottesdienstkult wie kein anderer mit Leben gefüllt hat, greift nun ganz im Sinne der biblischen Propheten[11] eine Kirche an, der der eigene gesellschaftliche Status und der

äußerliche Kult wichtiger sind als die Gerechtigkeit und die Befreiung der Unterdrückten und die in ihren Hilfswerken Almosen aus dem Überfluß der Reichen verteilt, anstatt die Ursachen der Armut zu erkennen und zu bekämpfen.

Zwei Jahre später schreibt Oscar Maldonado, wie Camilo kolumbianischer Priester und Soziologe, eine Art Nachruf auf seinen Bruder und Genossen. Er wirft darin der Kirche vor, ihre eigenen geistigen, materiellen und kulturellen Interessen mit den Interessen Gottes verwechselt zu haben und eine Macht zu beanspruchen, die ihr nicht zusteht. Maldonado, der später sein Priesteramt aufgibt und heute, mit Marguerite Olivieri verheiratet, als Soziologe in Versailles lebt, sagt von sich, er habe die Biographie Camilos stellvertretend weitergelebt.[12] Und ganz im Sinne Camilos heißt es in seiner kritischen Analyse der kolumbianischen Kirche weiter: »Jenes kirchliche Selbstverständnis ist bedingt durch die Notwendigkeit, sich die Privilegien zu erhalten, die die Kirche seit der Missionierung Kolumbiens besitzt und leidenschaftlich verteidigt. Das ist die Kirche, die das Konkordat braucht, den Schutz durch die politischen Autoritäten und die Hilfe der Mächtigen. Das ist die Kirche, die die Reichen mehr braucht als die Armen... Die starre und exklusive Eigentumsideologie in Kolumbiens Oberschicht ist sicher nicht ausschließlich Produkt der kirchlichen Lehre. Doch sie hat ihren Teil dazu beigetragen, diese Ideologie aufrechtzuerhalten. Seit Leo XIII. hat die Kirche die soziale Funktion des Eigentums betont. Wann reagieren Kolumbiens Bischöfe auf diese Weisungen?«[13]

Das fragen sich auch die Vertreter der kleinen, neugegründeten Christlich-Sozialdemokratischen Partei und der christlichen Gewerkschaften, die als einzige Vertreter des kolumbianischen Katholizismus die Frente unido unterstützen. Sie sind der Meinung, daß deren Plattform eine mögliche und berechtigte Auslegung der päpstlichen Sozialenzykliken darstellt. Und was das Aktionsbündnis mit Kommunisten angeht, können sie sich auf die neueste Enzyklika Papst Johannes XXIII. »Pacem in Terris« berufen, in der es zu diesem Thema heißt: »Die Entscheidung, in welcher Weise und in welchem Grad eine echte, nützliche Zusammenarbeit gesucht werden soll auf sozialem, wirtschaftlichem, kulturellem und politischem Gebiet, dieses Urteil steht allein der Klugheit zu, die maßgebend ist für alle menschlichen Tugenden, von denen das Leben des einzelnen und der Gemeinschaft bestimmt wird. Soweit es sich um den Standpunkt der Katholiken handelt... müssen sie immer auf die Grundsätze des Naturrechts achten, sich nach der Soziallehre der Kirche richten und in Übereinstimmung mit den Richtlinien des kirchlichen Lehramts stehen.«[14]

Dieses kirchliche Lehramt wird in Bogotá von Kardinal Concha vertreten. Und der stellt am 25. Mai 1965 in einer Presseerklärung fest: »In dem Grundsatzprogramm der politisch-sozialen Aktion, das Pater Torres vorlegte oder unterschrieb, gibt es Punkte, die mit der Lehre der Kirche unvereinbar sind.«[15] Von da an wird der Konflikt zwischen Camilo Torres und den kirchlichen Autoritäten öffentlich ausgetragen, was beide Seiten bisher gescheut hatten. Für Camilo heißt das, daß er nun wirklich nicht mehr hinter seine Positionen zurückkann, auch wenn er den Bruch mit seiner Kirche gerne vermieden hätte.

Das bezeugen viele Freunde, die Camilo in diesen Wochen erlebt haben. Der Abschied von seiner Kirche und seinem Amt ist für ihn ja auch eine ganz entscheidende Identitätsfrage. Noch einmal kehrt er an den Ort zurück, an dem alles begann, in die Llanos, die tropische Ebene im Osten des Landes. Im Pfarrhaus von Villavincencio versucht er, mit sich ins reine zu kommen. Der Pfarrer, mit dem er befreundet ist und der Camilos soziale Anliegen teilt, warnt ihn davor, sich politisch »funktionalisieren« zu lassen. Camilo, der sichtlich von Zweifeln umgetrieben wird, soll darauf gesagt haben: »Du hast vielleicht recht, aber ich kann nicht zurück, ich kann meine Freunde nicht im Stich lassen...«[16]

In diesen Wochen hat sich Camilo wohl endgültig entschieden – für die unbedingte Solidarität mit seinen politischen Freunden, für eine kompromißlose Haltung gegenüber seiner Kirche und für sein revolutionäres Engagement »bis zur letzten Konsequenz«.[17] Er will nicht mehr ausweichen, auch nicht nach Löwen, für das er bereits ein Dissertationsstipendium und eine bischöfliche Reiseerlaubnis in der Tasche hat. Statt dessen bittet er am 24. Juni 1965 den Kardinal in einer öffentlichen Erklärung um seine Rückversetzung in den Laienstand. Er reagiert damit auf eine öffentliche Stellungnahme des Kardinals vom 18. Juni, in der es heißt: »Der Kardinal-Erzbischof von Bogotá sieht sich in seinem Gewissen verpflichtet, den Katholiken mitzuteilen, daß Pater Camilo Torres sich bewußt von der Lehre und den Direktiven der katholischen Kirche entfernt hat... Die Aktivitäten des Padre Camilo Torres sind unvereinbar mit seinem Priesteramt und dem kirchlichen Gewand, das er trägt. Es könnte geschehen, daß diese beiden Umstände einige Katholiken verleiten, den Irrtümern und verderblichen Lehren zu folgen, die Pater Torres in seinem Programm vorschlägt.«[18]

Die Antwort Camilos lautet: »Ich habe das Christentum gewählt, weil ich in ihm die reinste Form fand, meinem Nächsten zu dienen. Ich wurde von Christus auserwählt, Priester in Ewigkeit zu sein, so bewegt war ich von dem Wunsch, ganz der Nächstenliebe zu leben. Als Soziologe wollte ich, daß die Liebe sachgerecht und mit Hilfe der Wissenschaft verwirklicht wird. Bei der Analyse der kolumbianischen Gesellschaft wurde mir die Notwendigkeit einer Revolution bewußt, um die Hungrigen zu speisen, die Durstigen zu tränken, die Nackten zu bekleiden und das Wohl der Mehrheit unseres Volkes zu erreichen.

Ich glaube, daß der revolutionäre Kampf ein christlicher und priesterlicher Kampf ist. Nur über ihn können wir in den konkreten Verhältnissen unseres Landes die Nächstenliebe verwirklichen... Die revolutionäre Arbeit aber steht derzeit im Widerspruch zur Disziplin in der gegenwärtigen Kirche. Ich möchte weder dieser Disziplin zuwiderhandeln noch mein Gewissen verraten. Darum habe ich Seine Eminenz, den Kardinal, gebeten, mich von meinen priesterlichen Pflichten zu befreien, damit ich dem Volk in weltlichen Belangen dienen kann.«[19]

Wenige Tage später verabschiedet sich Camilo Torres in einer Messe, an der auch viele politische Freunde und Weggefährten teilnehmen. Da er schon in den Laienstand versetzt ist, darf er nur noch konzelebrieren. Es muß ein sehr bewegender Abschied gewesen sein; mancher gestandene Gewerkschafter und Politiker von der christlichen Linken kann noch heute nicht ohne Erschütterung von diesem Gottesdienst sprechen. Sie alle empfinden, was Francisco de Paulo Jaramillo, ein Freund und Mitstreiter aus der Christlich-Sozialdemokratischen Partei, über Camilo Torres so zusammenfaßt: »Er war kein rebellischer Priester, er war ein priesterlicher Rebell.«[20]
Ende Juni reist Camilo Torres nach Lima, um dort an der staatlichen Universität San Marcos soziologische Vorlesungen zu halten. Bei seiner Rückkehr am 3. Juli wird er am Flughafen El Dorado begeistert empfangen und auf den Schultern der Menge zum Wagen getragen. Überall, wo er auftritt und für die Frente unido wirbt, schlägt ihm Sympathie und Zustimmung entgegen. Obwohl auf Anweisung der Bischöfe von allen Kanzeln verlesen wird, Torres sei ein Laie wie jeder andere, bleibt er für die Leute der »Padre revolucionario«, Heilsbringer und Hoffnungsträger in einem.
Professor Guillermo León Escobar, heute Direktor des Instituts für politische Studien der Stiftung »Simón Bolívar« in Bogotá, war zu dieser Zeit Seminarist bei den Salesianern[21]. Er berichtet über seine Erinnerungen an Camilo Torres: »Wir sollten im Unterricht Positionen gegen Camilos Ansichten erarbeiten, taten aber das Gegenteil. Wir organisierten eine öffentliche Diskussion zwischen Camilo und den Autoritäten unseres Seminars, die sogar im Radio angekündigt wurde und viele Zuhörer fand. Camilo war kein beeindruckender Redner, er hatte eine dünne Stimme und keine rhetorische Begabung, aber seine Persönlichkeit und seine argumentative Überzeugungskraft zog das Publikum auf seine Seite.«[22]
Ähnlich äußert sich Germán Guzmán, der später die Nachfolge Camilos in der Frente unido übernahm: »Er war der Mann, dem es gelang, in Kolumbien die breitesten Massen zu mobilisieren, und zwar ohne Millionen für Propaganda auszu-

geben, ohne die Mauern aller Städte und der entlegensten Nester mit dem Bild des jeweiligen Regierungschefs zu bekleben, ohne die von ausländischen Fachleuten durchgeführte Meinungsforschung, ohne hochbezahlte Rundfunkprogramme, sondern aus einem ganz einfachen Grund: Es bestand eine Wechselwirkung zwischen seiner politischen Ehrlichkeit und der Ehrlichkeit des Volkes.«[23]

Am 26. August 1965 erscheint die Nummer 1 der »frente unido«, der »Wochenzeitung des Proletariats«, die in den Straßen von Bogotá in einem freiwilligen Einsatz von Studenten, Arbeitern, Hausfrauen und anderen Sympathisanten des Linksbündnisses verkauft wird. Schon um die Mittagszeit sind alle 50 000 Exemplare verkauft; ein beispielloser Start und ein Riesenerfolg für den Gründer und Chefredakteur der Zeitung, Camilo Torres.

Unter denen, die die Zeitung so erfolgreich unter die Leute bringen, ist auch Isabel Torres Restrepo. Sie ist stolz darauf, daß man Camilo inzwischen den »neuen Gaitán« nennt, und läßt gegenüber der Presse den alten liberalen Geist ihrer Familie wieder zur Geltung kommen: »Mein Urahne José Félix befreite die Sklaven seiner Epoche. Und nun ist es meinem Sohn gegeben, die Sklaven zu befreien, die uns geblieben sind.«[24]

Ob ihr Sohn sich in der Rolle des Befreiers und »maximo líders« à la Fidel Castro sehen möchte, kann bezweifelt werden. Er jedenfalls verfaßt für die Startnummer der »frente unido« eine »Botschaft an die Christen«, die in bescheidener und ergreifender Weise all das zusammenfaßt, was dem Priester und Revolutionär wichtig gewesen ist. Diese Botschaft ist das Glaubensbekenntnis und das Vermächtnis des Camilo Torres.

»Das Wichtigste am Katholizismus ist die Nächstenliebe. ›Wer seinen Nächsten liebt, erfüllt das Gesetz‹ (Römer 13,8). Soll die Liebe wahrhaftig sein, muß sie wirksame Wege suchen; wenn Spenden und Almosen, die wenigen schulgeldfreien Armenschulen und sozialen Wohnungsbaupläne, wenn also das, was wir christliche Wohltätigkeit nennen, nicht erreicht, daß die Hungrigen satt, die Nackten bekleidet, die Unwissenden wissend werden, dann müssen wir wirksamere Mittel suchen, um das Wohl der Mehrheit zu sichern. Diese Maßnahmen werden nicht von der privilegierten Minderheit an der Macht zu erwarten sein, weil sie dann verpflichtet wäre, ihre Privilegien aufzugeben... Darum ist es notwendig, der privilegierten Minderheit die Macht zu nehmen und sie der Mehrheit der Armen zu geben.

Das schnell zu verwirklichen ist das Wesentliche einer Revolution. Die Revolution kann friedlich sein, wenn die Minderheit keinen gewaltsamen Widerstand leistet. Sie ist der Weg, eine Regierung zu errichten, die Hungrigen Brot gibt, Nackten Kleidung, Unwissenden Unterricht, die die Werke der Liebe erfüllt, einer nicht nur gelegentlichen und flüchtigen Liebe, einer nicht nur auf wenige beschränkten Liebe, sondern einer Liebe für die Mehrheit unserer Nächsten.

Darum ist die Revolution nicht nur erlaubt, sie ist verpflichtend für Christen, die in ihr die einzige und angemessene Möglichkeit sehen, die Nächstenliebe zu allen zu verwirklichen.

Es ist wahr, daß es keine Autorität gibt außer von Gott (Römer 13,1). Aber Thomas von Aquin sagt, daß die konkreten Befugnisse der Autorität vom Volk ausgehen.[25] Wenn eine Autorität gegen das Volk gerichtet ist, so ist sie ungesetzlich und wird Tyrannei genannt. Wir Christen können und müssen gegen die Tyrannei kämpfen. Unsere gegenwärtige Regierung ist tyrannisch, weil sie sich nur auf 20 Prozent der Wähler stützt und ihre Entscheidungen von der privilegierten Minderheit bestimmt werden.

Die zeitlichen Schwächen der Kirche sollen uns nicht empören. Die Kirche ist menschlich; wichtig aber ist, zu glauben, daß sie auch göttlich ist. Und immer, wenn wir Christen unsere Verpflichtung der Nächstenliebe erfüllen, stärken wir auch die Kirche.

Ich habe auf die Pflichten und Vorrechte des Klerus verzichtet, aber ich habe nicht aufgehört, Priester zu sein. Ich glaube, daß ich mich aus Liebe für die Revolution entschieden habe.

Ich habe aufgehört, die Messe zu feiern, um diese Nächstenliebe besser im Bereich der Wirtschaft und Gesellschaft verwirklichen zu können. Ich glaube, daß ich auf diese Weise dem Gebot Christi folge: ›Wenn du opfernd zum Altar kommst und dich dort erinnerst, daß dein Bruder etwas gegen dich hat, so laß dein Opfer am Altar liegen und gehe und versöhne dich erst mit deinem Bruder, und dann komm zurück und bringe dein Opfer.‹[26]
Wenn mein Nächster nichts mehr gegen mich hat, wenn' die Revolution verwirklicht wurde, will ich wieder die Messe feiern, falls es Gott erlaubt...«[27]

Befreiung oder Tod!
1965–1966

Am 18. Oktober 1965 erhält Isabel Torres Restrepo einen Anruf von Camilo: »Ich komme diese Nacht nicht nach Hause.« Wenige Tage später wird ihr eine handgeschriebene Nachricht überbracht: »Mamita, mir geht es gut, ich bin bei Freunden in Sicherheit, aber du mußt das Land verlassen. Es ist alles vorbereitet...«[1] Isabel weiß, was das heißt: Camilo ist zur Guerilla »in die Berge« gegangen; und sie weiß auch, daß es für sie nun gefährlich wird. Anonyme Anrufe und Morddrohungen bestätigen ihr, daß es besser ist, aus Bogotá zu verschwinden. Über Paris gelangt sie in die USA und bleibt dort einige Monate bei ihrem Sohn Fernando in Minneapolis.

Über das Verschwinden Camilos kursieren wilde Gerüchte und Spekulationen, bis am 7. Januar 1966 in allen kolumbianischen Zeitungen der »Aufruf aus den Bergen« erscheint:

»Kolumbianer!
Lange Jahre hindurch haben die Armen unseres Landes auf den Aufruf zum endgültigen Kampf gegen die Oligarchie gewartet. In den Augenblicken äußerster Verzweiflung des Volkes hat die herrschende Klasse immer Mittel gefunden, das Volk zu betrügen, indem sie es mit neuen Formulierungen besänftigte, die immer auf dasselbe hinauslaufen: Leiden für das Volk und Wohlstand für die privilegierte Kaste... Jeder echte Revolutionär muß erkennen, daß der bewaffnete Weg der einzig mögliche ist. Aber das Volk wartet darauf, daß die Anführer mit ihrem Beispiel und ihrer Gegenwart das Zeichen zum Kampf geben.
Ich möchte dem kolumbianischen Volk sagen, daß dieser Augenblick gekommen ist, daß ich es nicht verraten habe, daß ich auf die Plätze der Dörfer und Städte gegangen bin für die Einheit und Organisation des Volkes zur Erkämpfung der

Macht; diesem Ziel müssen wir uns hingeben bis zum Tod...
Ich habe mich dem bewaffneten Kampf angeschlossen... Ich habe mich der ELN angeschlossen, weil sie die gleichen Ziele vertritt wie die Einheitsfront. Ich fand hier die Verwirklichung einer Einheit an der Basis bei den Bauern. Hier gibt es keine religiösen oder parteipolitischen Differenzen, kein Verlangen, revolutionäre Initiativen anderer Parteien und Bewegungen zu bekämpfen, keinen Führerkult. Man will das Volk aus der Ausbeutung durch die Oligarchen und den Imperialismus befreien, bejaht die Ziele der Plattform der Frente unido und wird die Waffen nicht niederlegen, bis die Macht völlig in der Hand des Volkes ist...
Der Kampf ist lang, laßt uns jetzt beginnen!
Für die Einheit des Proletariats bis zum Tod!
Für die Organisation des Proletariats bis zum Tod!
Für die Machtübernahme durch das Volk bis zum Tod!
Nicht einen Schritt zurück – Befreiung oder Tod!
Camilo Torres Restrepo
Für die Nationale Befreiungsarmee:
Fabio Vasquez Castaño, Víctor Medina Morón«[2]

Zusammen mit dem Manifest wird ein Foto veröffentlicht, das Camilo zwischen den beiden Anführern der ELN zeigt, in Uniform, mit Gewehr und Bart und der Armbinde der ELN, der »Nationalen Befreiungsarmee«.
Was ist geschehen? Was hat den Mann, der gerade aufgefordert worden war, für das Amt des kolumbianischen Präsidenten zu kandidieren, dem die Massen zujubelten, dessen Name wochenlang regelmäßig auf den Titelseiten der großen Tageszeitungen zu finden war, dazu bewogen, sich dem kleinen, eben erst gegründeten Guerillaverband ELN anzuschließen? Wie kommt der Priester Camilo Torres dazu, Guerillero zu werden?
Es ist wohl kaum möglich, den Zeitpunkt genau zu bestimmen, an dem Camilo Torres den revolutionären Kampf für sich persönlich »bis zur letzten Konsequenz« zu führen bereit ist. Aber

es gibt Hinweise, die darauf deuten, daß sich dieser Gedanke bei Camilo immer mehr durchsetzt, je länger er mit der Unentschlossenheit und Zerstrittenheit der Opposition konfrontiert wird. In der politischen Szene, in der sich Camilo bewegt, wird viel und gern von der Revolution geredet; aber kaum jemand versteht den tiefen, den priesterlichen Ernst, den Camilo mit seinem revolutionären Anliegen verbindet.

William Meza, der Camilo Torres zu dieser Zeit in einem studentischen Aktions- und Diskussionskreis erlebt, erinnert sich an folgende Szene: »Im April 1965 war die Stimmung unter den Studenten deutlich links und eindeutig antiamerikanisch. Vor allem die Intervention der USA in der Dominikanischen Republik bewegte die Gemüter.[3] Als wir Camilo fragten, was jetzt zu tun sei, antwortete er, man müsse nun Arm in Arm gemeinsam mit den Kommunisten gegen die nordamerikanischen Imperialisten kämpfen – bis zum Tod! Die meisten von uns waren sich einig gegen die USA, geteilter Meinung, was das Zusammengehen mit den Kommunisten anging, aber ›bis zum Tod‹ wollte keiner von uns kämpfen – das fand man doch etwas übertrieben!«[4]

Eine solche Haltung enttäuscht Camilo tief. Später wird er sich in seiner »Botschaft an die Studenten« darüber beklagen, daß ihr Nonkonformismus rein emotional und intellektuell geblieben sei. Aber auch mit den anderen Gruppen in der Frente unido gibt es Probleme. Besonders schwierig gestaltet sich das Verhältnis zwischen den Christlichen Sozialdemokraten und den Kommunisten. Sie, die erstmals einen Dialog miteinander versuchen, trauen sich gegenseitig nicht recht über den Weg. Die Kommunisten sind im politischen Kampf erfahren und gut organisiert. Die in Organisationsfragen völlig unerfahrene Christlich-Sozialdemokratische Partei (PSCD) fühlt sich von ihnen »an die Wand gespielt«.[5] Andererseits werden die Kommunisten hellhörig, wenn Vertreter der PSCD verkünden, sie wollten mit einem christlichen revolutionären Engagement die kommunistische Partei überflüssig machen.

Ein weiterer Konflikt entzündet sich an der Frage, ob die Frente unido an den Präsidentschaftswahlen teilnehmen soll.

Befreiung oder Tod!

Die Kommunisten, die Christlichen Sozialdemokraten und die Revolutionären Liberalen sind dafür, die linksradikalen Gruppen dagegen. Dabei geht es nicht nur um die Wahlen, sondern grundsätzlich um die Frage, wieweit sich die Ziele der Einheitsfront mit legalen Mitteln innerhalb der kolumbianischen Verfassung realisieren lassen. Über diese Fragen der Strategie und Taktik geraten insbesondere die linken Organisationen, die sich jeweils auf den sowjetischen, den chinesischen oder den kubanischen Weg zur Revolution berufen, in einen endlosen Streit. In der Frente unido ist von Einheit bald nichts mehr zu spüren.

Der einzige, der diese Einheit wirklich will und verkörpert, ist Camilo Torres. Er ist bald die einzige Klammer und das Zentrum der Einheitsfront, er ist sozusagen die Frente unido persönlich. Aber das reicht auf die Dauer nicht. Zwar strömen die Massen zu seinen Kundgebungen, zwar entstehen überall, wo er auftritt, spontane Aktionskomitees. Aber nach der ersten Begeisterung versanden diese revolutionären Ansätze, weil es vor Ort niemanden gibt, der für eine solide Organisation und für die mühsame politische Kleinarbeit zuständig wäre. Die einzigen, die das können, sind die Kommunisten. Doch sie geraten dabei schnell in den Verdacht, wieder einmal alles unter ihre Kontrolle bringen zu wollen.

Nach wenigen Monaten ist die Frente unido heillos zerstritten. Und jede Gruppe wirft der anderen vor, die einzige unumstrittene Repräsentationsfigur, Camilo Torres, für die eigenen gruppenegoistischen Zwecke zu mißbrauchen. Eine Gruppe nach der anderen verläßt das Aktionsbündnis. Die Christlichen Sozialdemokraten gehen, weil ihnen die Kommunisten zu stark sind. Die Liberalen, weil sie an den Präsidentschaftswahlen teilnehmen wollen. Die Marxisten-Leninisten, weil ihnen die Frente unido nicht eindeutig genug auf die bewaffnete Revolution zugeht. Am Ende hält nur noch die Kommunistische Partei zur Einheitsfront, obwohl auch sie die Entscheidung Camilos zum Wahlboykott kritisiert und an den Wahlen teilnehmen will.

Nach diesen Erfahrungen ist Camilo, der monatelang versucht

hat, zwischen den verschiedenen Gruppen zu vermitteln, den Parteienhader und den Gruppenegoismus gründlich leid. Er hatte von vornherein eine andere Vision. Er wollte die Nichtorganisierten, die Randgruppen, die Arbeitslosen, die Landarbeiter, diejenigen, die weder eine Stimme noch eine Organisation haben, zu einer selbstbewußten revolutionären Massenbewegung zusammenbringen. Diese Bewegung würde sich nicht um parteipolitische Interessen kümmern, sondern einzig und allein um die Umgestaltung der Gesellschaft in einem demokratischen Prozeß von unten nach oben. Angesichts dieser Vision wäre die Präsidentschaftskandidatur für Camilo ein falscher Kompromiß gewesen. Er weist darauf hin, daß er als Präsident den Mechanismen des herrschenden Systems ebenso wenig entgegensetzen könnte wie seine reformwilligen Vorgänger: »Darum habe ich nachdrücklich NEIN geantwortet, als man mich bat, in den kommenden Wahlen Präsidentschaftskandidat zu sein... Das wäre ein Verrat an der revolutionären Bewegung. Ich habe auch gesagt, daß wir das Spiel der Oligarchie nicht mitmachen können, die uns mit einem Wahlsystem betrügt, das von ihr kontrolliert ist. Wir können nicht in dieser Komödie der Demokratie mitspielen. Also handelt es sich nicht um die Wahlen in diesem System, nicht um den Präsidenten der Republik: Es handelt sich darum, das System selbst von Grund auf umzuformen, von unten nach oben.«[6]

Damit hat sich Camilo eindeutig für den Wahlboykott ausgesprochen. Später werden ihm seine Gegner vorwerfen, er habe die demokratischen Möglichkeiten, die sich ihm geboten hätten, nicht genutzt. Tatsächlich hat er wohl eher realistisch die Grenzen dieser »Demokratie« erkannt, in der massiver Wahlbetrug und Stimmenkauf bis heute an der Tagesordnung sind. Auf dieses Spiel will er sich nicht einlassen. Aber er versäumt es auch, alternative politische Nahziele und Organisationsformen anzubieten.

»Die Revolution ist Teil einer Politik. Man kann keine Revolution ohne Politik machen«[7], warnt Alberto Zalamea, auf dessen Initiative die Frente unido seinerzeit zustande kam.

Aber Camilo ist kein Politiker und will auch keiner werden. Immer mehr wendet er sich einer Gruppe von jungen Intellektuellen in der Frente unido zu, die wie er die kolumbianische Revolution, an den bestehenden Organisationen vorbei, an der Basis in Gang setzen wollen. Erst später stellt sich heraus, daß es Vertreter der ELN sind, die parallel zu der auf dem Land operierenden Guerillatruppe eine illegale Stadtorganisation aufbauen. Durch sie kommt Camilo erst indirekt, dann direkt in Kontakt mit der »Nationalen Befreiungsarmee«.

Doch es sind nicht nur politische Sympathien, die ihn immer weiter in die Reihen der ELN treiben. Inzwischen hat auch die Repression gegen die Frente unido und ihren Repräsentanten begonnen. Aktivisten der Einheitsfront werden beschattet und bedroht, Demonstrationen aufgelöst, Verkäufer der »frente unido« verhaftet. Die Basis der Frente unido wird unter diesen Bedingungen von Tag zu Tag schmaler. Um die Zeitung kümmert sich Camilo praktisch alleine, zusammen mit der unermüdlichen Guitemie, die seine Artikel tippt und in die Druckerei bringt. Doch kaum jemand will die Zeitung noch kaufen oder verkaufen; immer wieder paßt der einen oder anderen Gruppierung aus irgendeinem Grund der Inhalt nicht. Camilo, der die »Nonkonformisten« einigen wollte, sitzt zwischen allen Stühlen. Dazu kommt seine persönliche Gefährdung, die niemand bestreitet, der die spezielle Form des Staatsterrorismus hinter der demokratischen Fassade Kolumbiens selber erlebt und erlitten hat.[8]

Camilo, der nach seiner Weigerung, sich in das politische System zu integrieren, damit rechnet, von der Oligarchie auf die eine oder andere Weise beseitigt zu werden – wie Gaitán, dessen Schicksal noch deutlich in Erinnerung ist –, nimmt Verbindung mit dem Chef der ELN, Fabio Vasquez, auf. Unter dem Codenamen »Alfredo Castro« teilt er ihm seine Einschätzung der politischen Lage mit und bittet ihn, sich der Guerilla in dem Augenblick anschließen zu dürfen, in dem alle legalen Aktionsmöglichkeiten für ihn zu Ende sind. Fabio Vasquez

alias »Helio« stimmt zu und beauftragt bis dahin Jaime Arenas, sich um die Sicherheit Camilos zu kümmern. Von da an sieht man Camilo nur noch in Begleitung seines großen, breitschultrigen »Leibwächters« von der ELN-Stadtorganisation.
Jaime Arenas hat später die Guerilla verlassen und einen kritischen Insider-Bericht über die ELN geschrieben. Er bezweifelt darin, daß Camilo von den Kommandanten der ELN wirklich ernst genommen wurde. Im nachhinein ist diese Position schwer zu beurteilen, zumal es auch ganz andere Stimmen dazu gibt.[9] Letztlich ist für Camilos Biographie auch nicht wichtig, wie das Netz der Konspiration in der zerstrittenen kolumbianischen Linken tatsächlich gesponnen war, in dem er sich bewegte. Es genügt zu wissen, was er selber mit seinem Schritt in die Guerilla gewollt hat. Und an diesem Punkt hat Jaime Arenas sicher recht, wenn er schreibt: »Camilo glaubte nicht, daß ihn die Sicherheitskräfte gefangennehmen würden, sie würden ihn eher... sofort töten. Deshalb nahm er seinen Weg in die Guerilla, nicht, um sich in Sicherheit zu bringen, sondern damit sein Tod, wenn er ihn in den Reihen der Guerilla ereilte, dem kolumbianischen Volk einen Weg zeigte.«[10]
Die Weisung für diesen Weg formuliert Camilo am 16. September 1965 in seiner Botschaft an die »Parteilosen«: »Sich geordnet auf das Land zurückziehen und nicht in den Städten kämpfen... Keinen Angriff versuchen, bevor es eine revolutionäre Organisation auf dem Land gibt, die fähig ist, den Angriff durchzuhalten.«[11]
Was an dieser Botschaft vor allem erstaunt, ist Camilos grenzenloser Glaube an die Bereitschaft der nichtorganisierten Volksmassen, den revolutionären Kampf tatsächlich aufzunehmen. Eigentlich kann das zu diesem Zeitpunkt nur noch der Mut der Verzweiflung oder politisches Wunschdenken sein.
Wie auch immer – am 10. Oktober 1965 schlägt für Camilo »die Stunde der Wahrheit«. Für diesen Tag hatte die Frente unido – oder das, was von ihr übrig war – zu einer Massen-

demonstration gegen den Ausnahmezustand, gegen Gewerkschaftsverfolgung, Verhaftung oppositioneller Politiker und Steuererhöhungen aufgerufen. Aber an der Plaza de Bolívar im Zentrum Bogotás versammeln sich nur ein paar hundert Menschen, mit denen die Sicherheitskräfte leichtes Spiel haben. Camilo erlebt, wie die Demonstranten auseinandergeprügelt werden. Eine Woche später geht er »in die Berge«.
Fünf Tage nach Camilos Verschwinden kommt François Houtart in Bogotá an. Er will Camilo dazu bringen, mit ihm nach Löwen zu fahren und dort einen Forschungsauftrag wahrzunehmen. Er möchte, daß Camilo für künftige Aufgaben in Kirche und Gesellschaft am Leben bleibt.[12] Aber dafür ist es zu spät. Camilo hat sich anders entschieden.
Es paßt wohl auch eher zu der inneren Logik der Lebensgeschichte des Camilo Torres; es wäre ihm unmöglich gewesen, sich auf elegante – und das heißt im Grunde privilegierte – Art aus der Affäre zu ziehen. Die Armen, denen er sich in unbedingter Weise verpflichtet fühlt, haben diese Möglichkeiten ja auch nicht. Camilo will nicht in sein privilegiertes Leben zurück. Statt dessen wird er sich dieser Privilegien »bis zur letzten Konsequenz« entäußern.
Nur so ist das Verhalten Camilos in seinen letzten Lebensmonaten zu verstehen. Er, der elegante Städter, verwandelt sich in einen bärtigen Partisanenkämpfer, der, getreu seinen eigenen Weisungen – die er jedoch schon von der ELN übernommen hat –, den revolutionären Kampf in den Bergen und dem Urwald Nordostkolumbiens weiterführen will. Auf den Fotos, die von dem Guerillero Camilo Torres existieren, ist der Camilo von früher kaum wiederzuerkennen. Er wollte wohl auch so etwas wie einen Identitätswechsel, einen radikalen Neubeginn, einen endgültigen Bruch mit den Kompromissen einer bürgerlichen Existenz, in der man revolutionär denkt, aber privilegiert lebt. In der ihm eigenen Radikalität sucht er noch einmal nach einer völligen Übereinstimmung von Denken und Leben.
Immer wieder hatte sich Camilo nach einer festen Disziplin,

nach einem Orden gesehnt. Nun hat er ihn gefunden: 5.30 Uhr Wecken, 6.00 Uhr eine halbe Stunde Sport, von 7.00 bis 10.00 Uhr Unterricht in Geschichte, Soziologie, Gegenwartspolitik, danach Waffen säubern, Essen beschaffen und kochen, militärische Übungen absolvieren. Von 18.00 bis 19.00 Uhr Unterricht in militärischer Strategie, 21.00 Uhr Nachtruhe.[13]

Camilo lernt, über Baumstämme durch den Urwald zu laufen, um keine Spuren zu hinterlassen, er lernt, wie man Bananen, Reis und Yucca kocht, und er lernt, wie man mit Waffen umgeht. Er will auch in der Guerilla keine Sonderrechte. Fabio will ihn schonen, ihn ausschließlich in der Bildungsarbeit einsetzen; Camilo lehnt das ab. Er will die totale Integration, er will ein Guerillero wie jeder andere sein.[14] Er übernimmt auch die Sprache der ELN; der »Aufruf aus den Bergen« entspricht nicht Camilos eigenem Argumentations- und Sprachstil. Trotzdem ist er sicher keine Fälschung, wie manche Freunde später vermuten, und auch nicht das Ergebnis einer »Gehirnwäsche«, wie viele Gegner behaupten. Es ist wohl eher so, daß die Parolen der ELN Camilos eigenem Bedürfnis nach revolutionärer Klarheit, Einheit und Basisnähe entsprechen. Er hat in der ELN eine Gemeinschaft gefunden, die sich nicht mit partei- und organisationsbedingten Diskussionen über Strategien und Ideologien aufhält, sondern die Revolution von der Basis her will. In dem Aufruf wird jedenfalls deutlich, daß Camilo genau das in dem politischen Dickicht der Frente unido vermißt hat.

Die ELN dagegen ist ideologisch nicht gebunden. Sie besteht 1965 aus weniger als hundert Kämpfern, vorwiegend jungen Akademikern und Studenten, aber auch einigen Bauernsöhnen. Sie orientieren sich an der kubanischen Revolution, ihr theoretisches Rüstzeug, die »Erfahrungen aus dem Revolutionskrieg« Ernesto Che Guevaras, läßt Spielraum für politischen und weltanschaulichen Pluralismus und legt den Schwerpunkt auf die Heranbildung eines neuen Menschen, der sich uneigennützig für die Gemeinschaft einsetzt. Auch in dieser

Hinsicht findet Camilo in der ELN seine ureigensten Ideale wieder. Ob die ELN und ihre Führer selbst diesem Ideal gerecht geworden sind, soll dahingestellt bleiben. Camilo jedenfalls hat, wie Fabio Vasquez später feststellt, ihm in jeder Hinsicht entsprochen.

Das Konzept der »castristisch« orientierten Guerilla ist später von dem französischen Soziologen Régis Debray, einem Kampfgefährten des Che, mit dem Begriff des »Foquismo« umrissen worden. Diese auf ländliche Gebiete zugeschnittene Revolutionsstrategie sieht vor, unter den Bauern revolutionäre »Herde« (Focos) zu gründen, von denen aus die Landbevölkerung agitiert und mobilisiert werden soll. Wenn möglich, soll diese Erziehungsarbeit mit praktischer Hilfe verbunden werden, mit Alphabetisierung, medizinischer Betreuung und technischer »Hilfe zur Selbsthilfe«.[15] Auf diese Weise, so hofft man, werden die Bauern nach und nach umdenken und sich für ihre eigenen Interessen organisieren, möglicherweise auch den revolutionären Partisanengruppen anschließen.

Camilo Torres, dem die Begegnung mit dem Elend des Landproletariats den Schock seines Lebens versetzt hat, kann sich kaum vorstellen, daß diese Menschen ihr armseliges Leben dem revolutionären Kampf »bis zum Tod« vorziehen.[16] Er hofft auf eine schnelle revolutionäre Umwälzung durch die massenhafte Mobilisierung der Landbevölkerung.

»Camilo war voller Optimismus«, sagt Marguerite Olivieri, die als einzige mit Camilo auch nach seinem Eintritt in die ELN in Kontakt blieb, »er hoffte, in spätestens sieben Jahren wieder Priester zu sein.«[17]

Marguerite bezweifelt allerdings im nachhinein, daß Camilo tatsächlich in sein Priesteramt zurückgekehrt wäre. Sie, die die Entscheidung für die Guerilla aktiv mitvollzogen und selber vergeblich um Aufnahme in die ELN gebeten hat, glaubt, daß der Schritt zum bewaffneten Kampf das letzte und unwiderrufliche Opfer des Camilo Torres für den »Dienst an seinem Nächsten« gewesen ist.

Die »letzte Konsequenz«, von der er in seinen letzten Lebensmonaten immer wieder sprach, bedeutete für ihn wohl nicht nur die Bereitschaft, für »den Nächsten« zu sterben, sondern auch, »aus Liebe zum Nächsten« zu töten. Wir wissen nicht, wie Camilo mit diesem Widerspruch fertig geworden ist. Ihm blieb keine Zeit, darüber theologische Überlegungen niederzuschreiben. Ganz sicher ist, daß er, der sich so unbegrenzt allen Menschen zuwandte und »allen alles werden« wollte, diese Entscheidung letztlich gegen sich selbst gefällt hat. Die herrschende »Ordnung« der Gewalt, die nicht nur einzelnen, sondern unzähligen »Nächsten« Recht und Leben nahm, schien ihm keinen anderen Ausweg zu lassen, als einige – und sich selbst! – zu opfern, um viele zu retten. In diesem Engagement für das Leben und Recht der anderen setzt er nicht nur sein Leben, sondern auch seine priesterliche Unschuld aufs Spiel: Er will wie jeder andere Partisan an bewaffneten Überfällen auf die Streitkräfte teilnehmen, um sich »sein eigenes Gewehr zu erobern«.[18]

Am 17. Februar 1966 wird ein Kommuniqué des Kommandanten der 5. Brigade, General Valencia Tovar, veröffentlicht. In ihm wird mitgeteilt, daß es im Canon de Pilar, Patio de Cemento, dreieinhalb Stunden von El Carmen, Gemeinde San Vicente, entfernt, am 15. Februar gegen 11.30 Uhr zu einem bewaffneten Zusammenstoß zwischen einer Militärstreife und etwa fünfundzwanzig »Banditen« gekommen sei. Die Patrouille sei in einen Hinterhalt geraten und beklage vier tote Soldaten, habe aber ihrerseits fünf Banditen getötet. Am gleichen Tag wird ein Militärkommuniqué in Bucaramanga veröffentlicht, das die Namen der Getöteten bekanntgibt. Der erste unter ihnen lautet: Camilo Torres Restrepo.
General Alvaro Valencia Tovar hat später ein Buch über das Ende des Camilo Torres veröffentlicht.[19] Seiner Darstellung über den Tod Camilos hat auch die ELN nicht widersprochen. Danach wurde Camilo Torres von zwei Schüssen getötet, als er einem totgeglaubten Soldaten das Gewehr abnehmen wollte.

Es gibt keinen Anlaß, an der Darstellung des Generals zu zweifeln. Kein Zweifel besteht auch an der Aufrichtigkeit seiner Trauer; er, der nach der ersten Nachricht über die bei dem toten Guerillero aufgefundenen Gegenstände – drei Briefe in einer fremden Sprache, eine kleine Bibel und eine Pfeife mit einem silbernen Ring in der Mitte des Mundstücks – erkennt, wen es da getroffen hat, schreibt später über seine Reaktion: »Ich zog mich in die Einsamkeit meiner Schreibstube zurück und machte die Schreibtischlampe nicht an... wieder einmal, aber diesmal tiefer denn je, ermaß ich die brutale und unmenschliche Erhabenheit des Krieges... und die Machtlosigkeit und Kleinheit unserer Existenz gegenüber den entfesselten Kräften der Gewalt. Immer wieder würde ich mir die Frage stellen, die mich damals bedrängte: Warum mußte sich Camilo in dieses Abenteuer stürzen?«[20]

Diese Frage kann und will General Tovar jedoch im Grunde nicht beantworten. Die Antwort, die Camilo ihm geben könnte, würde eine ganze Welt zum Einsturz bringen, eine Welt, in der im Casino der Militärschule von Bogotá ein Christusbild dem ehrenhaften Dienst der Armee zur Aufrechterhaltung der Ordnung eine höhere Weihe verleiht. Daß ein Priester im Namen desselben Christus zum Gewehr greift, um diese Ordnung umzustoßen, weil er sie als eine gewaltsame Ordnung erkennt, kann nur jemand begreifen, der diese Ordnung selber als ungerecht und veränderbar erkennt. An diesem Punkt scheiden sich an Camilo Torres die Geister – bis in die Gegenwart Kolumbiens hinein.

Die ELN nimmt am 16. März öffentlich Stellung:
»Camilo Torres starb als Held. Er war sich bewußt, daß die Führer Beispiel geben müssen. Niemals wollte er sich aus der Gefahr retten. Er kannte das Risiko des Krieges und nahm es auf sich, überzeugt, daß sein möglicher Tod ein Funke, vielleicht der entscheidendste Funke sein werde, den Brand zu entzünden, den das kolumbianische Volk mit Haß und Entschlossenheit gegen die Oligarchen und ihr ungerechtes und schändliches System vorbereitet. Wir, die legitimen Erben seiner Ideale und menschlichen Größe, wollen sein Opfer den

Massen des Volkes augenfällig machen. Wir haben viel von Camilo zu lernen. Sein Leben war klar und rein. Er verstand und praktizierte sein Christentum als unbegrenzte Liebe zu den Armen, Ausgebeuteten und Unterdrückten, als eine vollständige Hingabe im Kampf für ihre Befreiung. Er vereinte sein Christentum mit der... Konzeption des revolutionären Krieges als dem einzig wirksamen Weg, den Befreiungskampf zu führen – bis zur letzten Konsequenz...«[21]

Camilo Torres gehört »zu den Toten, die niemals sterben«[1]. Er hinterläßt kein geschlossenes Lebenswerk, keine fertigen Antworten, sondern entscheidende und beunruhigende Fragen – nach der Verantwortung der Christen in Politik und Gesellschaft, nach der sozialen Gestalt der Kirche, nach sozialen und wirtschaftlichen Strukturen, in denen die Nächstenliebe eine Chance hat. Camilos Erbe ist, mit den Worten des französischen protestantischen Befreiungstheologen Georges Casalis, eine »offene Botschaft«, die zur Nachfolge, zur Praxis, zur Suche nach eigenen Antworten auffordert.[2]

Über fünfundzwanzig Jahre sind seit Camilos gewaltsamem Tod vergangen. In ihnen hat sein Denken und Leben immer neue Anstöße in Kirche und Gesellschaft gegeben. »Alle christlichen Bewegungen, die in den 70er Jahren entstanden, hatten auf die eine oder andere Weise ihren Ursprung in Camilo. Durch ihn kam der große Durchbruch... In Kolumbien war es die Gruppe Golconda, in Chile ›Christen für den Sozialismus‹, in Argentinien ›Priester für die dritte Welt‹.«[3]

Von der Gruppe Golconda berichtet auch Professor Guillermo León Escobar: »Als die Kirche Camilo verstieß, packten zwei Drittel der Seminaristen des Bogotaner Priesterseminars ihre Koffer. Viele von ihnen fand man später in kritischen Priester- und Laiengruppen wieder, zum Beispiel in der Golconda-Gruppe. Diese Gruppe hat die lateinamerikanische Bischofskonferenz 1968 in Medellín entscheidend mit vorbereitet.«[4]

In der auf dieser Konferenz verabschiedeten Erklärung werden die sozioökonomischen Thesen Camilos, die noch drei Jahre zuvor zur »Häresie« erklärt worden waren, vom lateinamerikanischen Episkopat bestätigt. In der »Botschaft an die

Völker Lateinamerikas« heißt es weiter: »Einen statischen und scheinbaren Frieden kann man unter Anwendung von Gewalt aufrechterhalten. Die durch Machtgruppen ausgeübte Unterdrückung kann den Eindruck erwecken, Friede und Ordnung zu erhalten, ist aber in Wirklichkeit nur der dauernde und unvermeidliche Anlaß für Rebellionen und Kriege. Friede setzt die Errichtung einer gerechten Ordnung voraus... Es ist nicht zu übersehen, daß Lateinamerika sich weithin in einer Situation der Ungerechtigkeit befindet, die man institutionalisierte Gewalt nennen kann, weil die gegenwärtigen Strukturen fundamentale Rechte verletzen. Es ist eine Situation, die eine vollständige und tiefgreifend erneuernde Umgestaltung erfordert.«[5]
Noch immer breiten sich die Elendsviertel am südlichen Rand der Hauptstadt Bogotá aus, deren Banken und Geschäftszentrum wie Klein-Manhattan aus der Peripherie des Elends herausragen. Noch heute fliehen Menschen aus den ländlichen Regionen vor der Armut, aber auch vor der Gewalt, mit der Todesschwadronen immer wieder Bauern und ihre Familien bedrohen – weil ein Mafiaboß seinen Besitz vergrößern will, weil unter ihrem Stückchen Land Bodenschätze vermutet werden, weil sie im Bauernverband organisiert sind oder verdächtigt werden, mit der Guerilla zu sympathisieren.[6]
Unter den Flüchtlingen sind viele Frauen und Kinder. Ihre Stimmen werfen ein Schlaglicht auf die Gewalt, die bis heute in Kolumbien herrscht:
»In S. ist die Gewalt gegen die Bauern ausgebrochen... Dort ist die ANUC (der Nationale Bauernverband) sehr stark. Mehrere ihrer Führer wurden umgebracht. Viele Menschen sind von ihren Heimatorten in die Städte gezogen.«
»Meinen Mann holten sie um zehn Uhr abends und brachten ihn in der Nähe des Hauses um. Viele Leute sind aus dieser Gegend weggezogen. Mein Sohn wurde ebenfalls bedroht, aber nicht getötet. Zwei oder drei Tage lang kamen sie wieder, um nachzusehen, ob wir schon das Haus verlassen hätten. Die Leute bekamen Angst nach dem Mord und gingen weg. Ich

blieb mit acht Kindern zurück; mir ist nichts mehr geblieben. Mein Mann war Bauer; er war organisiert...«

»Meine Mutter wurde umgebracht... Sie kamen und feuerten Schüsse ab auf ein Gehöft, und da brachten sie meine Mama um...«

»Ich bin achtzehn Jahre alt. Sie haben meinen Bruder umgebracht. Er wurde von einer bewaffneten Gruppe ergriffen; zuerst haben sie ihn mißhandelt und dann ermordet.«

»Mir haben sie meinen Mann, einen Stiefsohn, zwei Söhne und einen Schwager umgebracht. An einem Tag brachten sie drei im Haus um... Später brachten sie mir eine Tochter um, die gerade zwei Monate alt wurde. Wir wissen nicht, warum sie sie umgebracht haben. Das ist es, was am meisten weh tut, denn wenn man weiß, warum, kann man sich wenigstens an den Gedanken gewöhnen...«

»Meinen Mann haben sie am 14. November umgebracht. Er war Bauer und ging nach O. Dort hat ihn das Bataillon auf der Straße umgebracht. Das passierte bei einer Demonstration während eines landesweiten Streiks. Es waren viele Menschen da, und die Armee kam und schoß sofort. Die Regierung hat nichts dazu gesagt. Die Morde hier bleiben ungesühnt. Die Familien bleiben schutzlos zurück, ohne jede Hilfe.«

»Meinen Mann haben sie umgebracht. Er war Kommunist, er arbeitete politisch. Eines Tages stand er in einem Geschäft, als die Armee kam und ihn umbrachte, einfach so. Mein Mann hatte keine Waffen; wenn er welche gehabt hätte oder wenn er im Kampf gewesen wäre, wäre es wenigstens etwas anderes gewesen. Er hatte auch keine Uniform an. Die Armee zog ihm eine Uniform an und gab ihm ein Gewehr, als er schon tot war. Bei ihm waren noch mehr, und mit ihnen machten sie das gleiche.«

»Meine Frau haben sie umgebracht. Sie waren vierzig oder mehr Personen. Sie hatten ein Stück Land besetzt. Da kamen ein paar Typen, schossen und brachten meine Frau um...«[7]

Gegen diese Gewalt hat Camilo Torres bis zur letzten Konsequenz gekämpft. Er hat das Schicksal der Opfer geteilt. Bei ihnen, denen nichts geblieben ist als die Hoffnung auf eine menschlichere und gerechtere Zukunft, ist er nicht vergessen. An einer Mauer in den Elendsvierteln Bogotás stehen diese Worte zu seinem Gedächtnis: 15 febrero 1966 – Camilo Torres vive! – Camilo Torres lebt!

Zeittafel

1929	Am 3. Februar 1929 wird Camilo Torres in Bogotá, der Hauptstadt Kolumbiens, geboren
1930	Enrique Olaya Herrera wird erster liberaler Präsident nach fünfzig Jahren konservativer Herrschaft; Calixto Torres wird Generalkonsul in Genf; Aufenthalt in Genf, Brüssel und Barcelona
1934	Rückkehr der Familie Torres nach Bogotá
1937	Eintritt Camilos in das Colegio Alemán
1947	Abitur am Liceo Cervantes; Beginn des Jurastudiums an der Juristischen Fakultät der Nationaluniversität in Bogotá; Verlobung mit Luisa Montalvo
1948	Nach der Teilnahme an Exerzitien bei den Dominikanern Entscheidung für den Priesterberuf und Lösung der Verlobung mit Luisa Montalvo; Eintritt in das Priesterseminar in Bogotá; am 9. April 1948 beginnt mit der Ermordung des liberalen Politikers Jorge Eliécer Gaitán ein langjähriger Bürgerkrieg; die »Violencia« fordert mindestens 180 000, nach anderen Angaben bis zu 300 000 Todesopfer
1954	Camilo Torres wird in der Kathedrale von Bogotá zum Priester geweiht; General Rojas Pinilla errichtet eine Militärdiktatur zur »Befriedung« des Landes; Oktober: Beginn des Studiums der Soziologie an der Katholischen Universität in Löwen/Belgien
1955–1957	Kurze Studienaufenthalte in Paris, Prag und Berlin; soziale Einsätze bei Arbeiterpriestern in Belgien, bei Abbé Pierre und in der Flüchtlingshilfe in Paris; erster Kontakt mit Marguerite Olivieri;

	Gründung der »Kolumbianischen Arbeitsgemeinschaft für soziale und wirtschaftliche Forschung«
1958	Organisation des »Ersten Kongresses kolumbianischer Studenten in Europa« in Brüssel; Beendigung des Studiums mit einer Diplomarbeit über »Statistische Daten zur sozio-ökonomischen Realität der Stadt Bogotá«; Studienaufenthalt mit Schwerpunkt »Stadtsoziologie« in Minneapolis/USA
1959	Rückkehr nach Bogotá; Übernahme des Amtes für Studentenseelsorge an der Nationaluniversität und einer Professur für Soziologie an der neugegründeten Soziologischen Fakultät
1962	Nach Parteinahme für relegierte Studenten Entlassung aus allen universitären Ämtern durch Kardinal Concha; Ernennung zum Dekan des Instituts für Sozialverwaltung an der Hochschule für öffentliche Verwaltung; Vertreter der Kurie im Vorstand des kolumbianischen Instituts für Landreform INCORA; Beginn einer intensiven politischen Zusammenarbeit mit Marguerite Olivieri; die Nationale Front aus Liberalen und Konservativen organisiert Präsidentschaftswahlen, an denen sich aus Protest nur 20 Prozent der Bürger beteiligen
1963	Militärischer Großeinsatz zur Vernichtung der Unabhängigen Bauernrepubliken Marquetalia und El Pato; Camilo Torres veröffentlicht die Violencia-Studie
1964	Teilnahme am Kongreß »Pro Mundi Vita« in Löwen; Vortrag: »Die Revolution ist ein christliches Gebot«
1965	Veröffentlichung der programmatischen Plattform des Oppositionsbündnisses Frente unido in Medellín; Entlassung als Dekan des Instituts für Sozialverwaltung; nach Verurteilung der Plattform durch die Bogotaner Kurie bittet Torres Kardinal Concha um Rückversetzung in den

	Laienstand; August: Herausgabe der Zeitung »frente unido«; 18. Oktober: nach Repressionen gegen die Frente unido Anschluß an die »Nationale Befreiungsarmee« ELN, eine castristisch orientierte Guerillagruppe
1966	7. Januar: »Aufruf aus den Bergen« zum bewaffneten revolutionären Kampf
	15. Februar: Camilo Torres fällt im Kampf zwischen der Guerilla und einer Militärpatrouille; der Ort, an dem er begraben wurde, ist bis heute nicht bekanntgegeben worden

Quellenverzeichnis

Prolog

1 El Tiempo, Bogotá, am 18.2.1966, zitiert in: Hildegard Lüning, Camilo Torres, Priester, Guerrillero, Furche Verlag, Hamburg 1970, S. 159, 147
2 El Catolicismo, Bogotá, am 24.2.1966, zitiert ebd. S. 147
3 Voz Proletarion am 3.3.1966, zitiert ebd. S. 160
4 Germán Guzmán, Camilo Torres, Persönlichkeit und Entscheidung, Union Verlag, Berlin/DDR 1968, S. 338

Jorge Camilo Torres Restrepo

1 Diese und weitere persönliche Erinnerungen aus dem Kreis der Familie sind überliefert in: Walter J. Broderick, Camilo Torres, A Biography of the Priest-Guerillero, Doubleday & Company, Inc., Garden City, New York 1975, hier: S. 8 (Übersetzungen von der Autorin)
2 Elena Hochmann/Heinz Rudolf Sonntag, Christentum und politische Praxis: Camilo Torres, edition suhrkamp, Frankfurt/Main 1969, S. 48. Bei der sozialen Zuordnung der Familie Torres beziehe ich mich auf ein Gespräch mit Dr. Jaime Corredor Arjona vom 15.7.1992 in Bogotá. Bei allen Gesprächen übersetzte Dr. Rita Nelles, Heidelberg
3 Jaime C. Arjona am 15.7.1992
4 Hochmann/Sonntag nennen unter Berufung auf kolumbianische Quellen für das Jahr 1966 folgende Zahlen: 20% Weiße, 47% Mestizen, 27% Mulatten, 3% Schwarze, 2% Indios. A.a.O. S. 9
5 Broderick, Camilo Torres, S. 12
6 Klaus Meschkat/Petra Rohde/Barbara Töpper, Kolumbien, Geschichte und Gegenwart eines Landes im Ausnahmezustand, Verlag Klaus Wagenbach, Berlin 1980, S. 101 ff.
7 So hatte zum Beispiel der kolumbianische Botschafter in Washington das Erdölabkommen mit gezielten Falschinformationen lanciert. Später stellte sich heraus, daß er zu der Zeit bereits auf der Gehaltsliste der Standard Oil Co. stand. Vgl. Meschkat/Rohde/Töpper, Kolumbien, S. 102
8 Andere Quellen sprechen von über 3000 Opfern, so in Heinz Mayer, Kolumbien: Der schmutzige Krieg, rororo aktuell, Hamburg 1990, S. 26
9 Gabriel García Márquez, Hundert Jahre Einsamkeit, Deutscher Taschenbuch Verlag, München 1984, S. 344f.
10 Zitiert in: Jenny Pearce, Kolumbien – Im Innern des Labyrinths, Schmetterlings Verlag, Stuttgart 1992, S. 38

Über diese Zeit gibt es nichts zu sagen
1 Meschkat/Rohde/Töpper, Kolumbien, S. 113
2 Bericht von Isabel Torres Restrepo in der Frente Popular vom 15.2.1967, zitiert in: Guzmán, Camilo Torres, S. 5f.
3 Broderick, Camilo Torres, S. 17
4 So zum Beispiel in: Emil Stehle, Der Weg der Gewalt – Camilo Torres, Paul Pattloch Verlag, Aschaffenburg 1975, S. 22f.
5 Frank Niess, Am Anfang war Kolumbus, Piper Verlag, München 1991, S. 9f.
6 Erst in den letzten Jahren sind im Archäologischen Museum auch die indigenen Kulturen gewürdigt worden. Aber sie gehören eben nicht zur nationalen Geschichte!
7 Unentdecktes Amerika, Dokumente, Quellen und Berichte, herausgegeben vom Evangelischen Missionswerk in Deutschland, Hamburg 1992, S. 4
8 Meschkat/Rohde/Töpper, Kolumbien, S. 37
9 Ebd. S. 18
10 Ebd. S. 19
11 Vgl. Thomas Eggensperger/Ulrich Engel, Bartholomé de las Casas, Dominikaner – Bischof – Verteidiger der Indios, Topos Taschenbücher, Mainz 1991
12 Niess, Kolumbus, S. 17
13 Zitiert in: Unentdecktes Amerika (vgl. Anm. 7), S. 5
14 Stellvertretend für viele ähnliche Erinnerungen: Francisco de Paulo Jaramillo, Camilo, Editorial Revista Colombiana, Bogotá 1970
15 Broderick, Camilo Torres, nach S. 178 (Bildlegende)
16 Maria Cristina Salazar in einem Gespräch mit der Autorin am 16.7.1992 in Bogotá

Allen alles werden!
1 Guzmán, Camilo Torres, S. 17
2 Ebd. S. 17f.
3 Lüning, Camilo Torres, S. 14
4 Guzmán, Camilo Torres, S. 7
5 Diese und weitere Informationen stammen aus einem Gespräch der Autorin mit Pater Raoul Mendez am 14.7.1992 in Bogotá
6 Raoul Mendez am 14.7.1992
7 Ebd.
8 Ebd. Ähnlich äußert sich auch Pater Diaz in dem Film »Camilo Torres – Rebell des Kreuzes« von Ralph Giordano
9 Lüning, Camilo Torres, S. 14
10 Guzmán, Camilo Torres, S. 19
11 Raoul Mendez am 14.7.1992
12 Ders., in gleichem Sinne auch Francisco de Paulo Jaramillo und Dr. Jaime

Corredor Arjona in Gesprächen mit der Autorin am 13. und 15.7.1992 in Bogotá
13 Statement von Dr. Gustavo Pérez in dem Film »Camilo Torres – Rebell des Kreuzes« von Ralph Giordano
14 Ders.
15 Mayer, Kolumbien, S. 29
16 Pearce, Kolumbien, S. 35
17 Mayer, Kolumbien, S. 31
18 Eduardo Galeano, Die offenen Adern Lateinamerikas, Peter Hammer Verlag, Wuppertal 1973, S. 119f.
19 Ebd. S. 119. Galeano entnimmt die Zahl dem offiziellen Untersuchungsbericht, der 1963/64 von Guzmán et al. in Bogotá herausgegeben wurde. Spätere Untersuchungen gehen von 300000 Opfern der Violencia aus
20 Lüning, Camilo Torres, S. 22f.

Die Wirklichkeit erkennen
1 Broderick, Camilo Torres, S. 13
2 Ebd. S. 68
3 Ebd. S. 71
4 Ebd. S. 70
5 Ebd.
6 Vgl. François Houtart, Camilo Torres et l'engagement social des chrétiens en Amérique Latine, Louvain-la-Neuve 1986, S. 3
7 Professor Dr. François Houtart in einem Gespräch mit der Autorin am 22.5.1993 in Louvain-la-Neuve, Belgien
8 Ders.
9 »Essor ou déclin de l'Eglise«, Paris 1947
10 Zitiert in: Adrien Dansette, Experiment und Tragödie der Arbeiterpriester, Graz 1959, S. 41
11 Ebd. S. 42
12 Marguerite Olivieri-Maldonado in einem Gespräch mit der Autorin am 25.7.1993 in Versailles
13 »Il faut avoir l'esprit dur et le cœur tendre.«
14 François Houtart am 22.5.1993
15 Broderick, Camilo Torres, S. 77
16 François Houtart, Camilo Torres, en tanto que sacerdote, Montevideo 1967, zitiert in: Lüning, Camilo Torres, S. 15
17 Marguerite Olivieri-Maldonado am 25.7.1993
18 François Houtart am 22.5.1993
19 Lüning, Camilo Torres, S. 17f.
20 Ebd. S. 16f.
21 Broderick, Camilo Torres, S. 72
22 François Houtart am 22.5.1993
23 Guzmán, Camilo Torres, S. 24

Zum Aufbau des Gottesreiches beitragen
1 Pearce, Kolumbien, S. 25
2 Silva de Buchmann, Sozialarbeiterin in Bogotá, in einem Gespräch mit der Autorin am 14.7.1992 in Bogotá
3 Camilo Torres, Vom Apostolat zum Partisanenkampf, Artikel und Proklamationen, rororo, Hamburg 1969, S. 16ff.
4 Lüning, Camilo Torres, S. 49
5 Ebd. S. 51
6 Ebd. S. 64f.
7 Lüning, Camilo Torres, S. 54f.
8 Ebd. S. 55
9 Ebd. S. 56
10 Ebd. S. 57
11 Interview in dem Film »Camilo Torres – Rebell des Kreuzes« von Ralph Giordano
12 Lüning, Camilo Torres, S. 59
13 Ebd. S. 95f.
14 Diese Beschreibung bezieht sich auf Interviews in dem Film »Camilo Torres – Rebell des Kreuzes« sowie auf Informationen von François Houtart und Marguerite Olivieri-Maldonado an die Autorin
15 Francisco de Paulo Jaramillo in einem Gespräch mit der Autorin am 13.7.1992 in Bogotá
16 Lüning, Camilo Torres, S. 61
17 Ebd. S. 62
18 Ebd. S. 63

»Der Hunger ist sterblich!«
1 Meschkat/Rohde/Töpper, Kolumbien, S. 150f.
2 Vgl. Camilo Torres, Vom Apostolat zum Partisanenkampf, S. 5
3 Marguerite Olivieri-Maldonado am 25.7.1993
4 So in Emil Stehle, Der Weg der Gewalt. Der damalige Pfarrer der deutschen katholischen Gemeinde in Bogotá hat Camilo Torres persönlich gekannt und geschätzt. Er läßt in seiner Darstellung immer wieder durchblicken, daß es die emanzipierten Frauen waren, die den sozial engagierten Priester zur politischen Radikalisierung und zum Bruch mit der Kirche getrieben haben. Cherchez la femme... Das erspart ihm die kritische Auseinandersetzung mit Kirche und Gesellschaft!
5 Gustavo Pérez Ramirez, Es campesinado colombiano, un problema de estructura, Bogotá 1962
6 Lüning, Camilo Torres, S. 30
7 Camilo Torres, Mensaje a la Oligarquia, in: frente unido, Bogotá, am 9.12.1965, zitiert nach Lüning, Camilo Torres, S. 12
8 Vgl. ebd. S. 30ff.

9 Ebd. S. 47f.
10 Vgl. ebd. S. 26f.
11 Alvaro Valencia Tovar in einem Gespräch mit der Autorin in der Militärschule von Bogotá am 3.8.1992
12 Vgl. Lüning, Camilo Torres, S. 26f.
13 Ebd. S. 92
14 Ebd. S. 122
15 Raoul Mendez am 14.7.1992
16 Lüning, Camilo Torres, S. 94

»Die Revolution ist ein christliches Gebot«
1 Lüning, Camilo Torres, S. 96
2 Stehle, Der Weg der Gewalt, S. 65
3 Cecilia Gomez in einem Gespräch mit der Autorin im Gästehaus der deutschen katholischen Gemeinde von San Miguel in Bogotá am 19.7.1992
4 Stehle, Der Weg der Gewalt, S. 63; Lüning, Camilo Torres, S. 97
5 Ebd. S. 64f. und Lüning, Camilo Torres, S. 98
6 Guzmán, Camilo Torres, S. 102
7 Ebd. S. 107
8 Ebd.
9 Lüning, Camilo Torres, S. 120
10 Ebd. S. 107
11 Die Verbindung von Sozial- und Kultkritik ist ein wesentlicher Bestandteil der prophetischen Predigt. Ein besonders deutliches Beispiel findet sich beim Propheten Amos: »So spricht der Herr: ›Ich hasse eure Feste und kann eure Feiern nicht riechen; ich habe keinen Gefallen an euren Brandopfern, und eure fetten Heilsopfer will ich nicht sehen. Tu weg das Geplärr deiner Lieder, dein Harfenspiel will ich nicht hören. Aber das Recht ströme wie Wasser, und die Gerechtigkeit wie ein nie versiegender Bach!‹« (Amos 5, 21-24)
12 Oscar Maldonado in einem Gespräch mit der Autorin am 25.7.1993 in Versailles
13 Lüning, Camilo Torres, S. 109
14 Ebd. S. 93
15 Ebd. S. 111
16 So die Erinnerungen von Monseñor Gregorio Garavito, langjähriger Bischof der Diözese Villavincencio, in einem Gespräch mit der Autorin am 26.7.1992 in Villavincencio, Kolumbien
17 Lüning, Camilo Torres, S. 119
18 Ebd. S. 114
19 Ebd. S. 115f.
20 Francisco de Paulo Jaramillo in einem Gespräch mit der Autorin am 13.7.1992 in Bogotá
21 Angehörige einer katholischen Ordensgemeinschaft

22 Professor Dr. Guillermo León Escobar in einem Gespräch mit der Autorin am 16.7.1992 in der Fundacion Bolívar, Bogotá
23 Guzmán, Camilo Torres, S. 108
24 Lüning, Camilo Torres, S. 98
25 Camilo wendet sich hier gegen ein kurz zuvor veröffentlichtes Kardinalswort, das die Auflehnung gegen die Obrigkeit mit dem Hinweis auf Römer 13 verdammte
26 Dieser Text wird bei der katholischen Meßfeier zu Beginn der Kommunion gelesen. Einen ähnlichen Aufruf zur Versöhnung gibt es beim evangelischen Abendmahl
27 Lüning, Camilo Torres, S. 7ff.

Befreiung oder Tod!

1 Aus dem Film »Camilo Torres – Rebell des Kreuzes« von Ralph Giordano
2 Camilo Torres, Vom Apostolat zum Partisanenkampf, S. 233ff.
3 Am 28. April 1965 hatte der US-Präsident Lyndon B. Johnson die ersten Marines in die Dominikanische Republik geschickt, um die Ablösung einer USA-hörigen Militärdiktatur durch den gewählten Präsidenten Bosch zu verhindern. Vgl. Frank Niess, Der Koloß im Norden, Geschichte der Lateinamerikapolitik der USA, Pahl-Rugenstein-Verlag, Köln 1984, S. 259
4 William Meza in einem Gespräch mit der Autorin am 22.7.1992 in Bogotá
5 Dr. Alvaro Rivera Concha, damals Vorsitzender der PSCD, in einem Gespräch mit der Autorin am 14.7.1992 in Bogotá
6 Lüning, Camilo Torres, S. 121
7 Ebd. S. 135
8 Daß diese nicht ein Hirngespinst Camilos oder linke Propaganda gewesen ist, bezeugen einhellig alle, die selber als Oppositionelle die damalige und die weitere Geschichte Kolumbiens erlebt haben, zum Beispiel Jaime Arjona, Maria Cristina Salazar, Marguerite Olivieri-Maldonado und viele andere
9 Hier vor allem Marguerite Olivieri-Maldonado am 25.7.1993
10 Jaime Arenas, La Guerilla por dentro, Analisis del ELN colombiano, Editorial Tercer Mundo, Bogotá 1971, S. 92. Die Übersetzung verdanke ich Eva Gottschaldt, Marburg
11 Ebd.
12 Professor François Houtart am 22.5.1993
13 Vgl. Lüning, Camilo Torres, S. 152
14 Marguerite Olivieri-Maldonado am 25.7.1993
15 Alfredo Gomez Mueller, kolumbianischer Soziologe, in einem Gespräch mit der Autorin am 31.5.1992 in Paris
16 Pater José Otter, der seit vielen Jahren unter den Bewohnern der Elends-

viertel in Villavincencio arbeitet, sagt dazu: »Camilo war der Meinung, für die Armen kann es einfach so nicht weitergehen. Aber das ist nicht das Lebensgefühl in den Elendsvierteln. Solange es noch für eine Dose Bier reicht...«

17 Marguerite Olivieri-Maldonado am 25.7.1993
18 Jaime Arenas – der später von der ELN als »Verräter« ermordet wurde – und andere Kritiker der ELN deuten die Tatsache, daß Camilo bei der Schießerei mit der Militärpatrouille, die ihn das Leben kostete, nur mit einer 45-Kaliber-Pistole bewaffnet war, als Beweis dafür, daß die ELN-Führung den im Grunde unkriegerischen Priester-Guerillero bewußt »verheizt« habe, um ihn als »Märtyrer« besser »nutzen« zu können. Vgl. Arenas, La Guerilla, S. 99f. Marguerite Olivieri-Maldonado ist dagegen überzeugt, daß Camilo gegen den Willen von Fabio Vasquez wie jeder andere Guerillero nach den üblichen Regeln des Partisanenkampfes sein Gewehr beim Gegner »holen« wollte
19 Alvaro Valencia Tovar, El Final de Camilo, Ediciones Tercer Mundo, Bogotá 1976
20 Ebd. S. 126. Übersetzung von Eva Gottschaldt
21 Lüning, Camilo Torres, S. 157f.

Epilog

1 Mit diesem Satz ehrte der nicaraguanische Revolutionär Tomas Borge den gefallenen Gründer der »sandinistischen Befreiungsfront«, Carlos Fonseca. Zitiert in: Georges Casalis, Dietrich et Camilo, Christianisme au XXe siècle, Hebdomadaire Protestant vom 7.4.1986, S. 6
2 Ebd.
3 René García, ehemaliges Mitglied der christlich-revolutionären Bewegung Golconda, zitiert in: José Sierra, Der Mythos des Guerillero-Priesters, ila (information lateinamerika) 7, Nr. 145, Mai 1991
4 Professor Guillermo León Escobar am 16.7.1992 in Bogotá
5 Lüning, Camilo Torres, S. 167
6 Ruth Conniff, Colombia's Dirty War, Washington's Dirty Hands, in: The Progressive, Mai 1992
7 Die Interviews wurden am 30.7.1992 in einem Rehabilitationsprojekt für Opfer der Gewalt aufgenommen. Ort und Namen sind aus Sicherheitsgründen nicht genannt. Die Übersetzung der Aussagen besorgte Dr. Dieter Paas, Heidelberg

Bibliographie

Biographien und Textsammlungen
Camilo Torres, Vom Apostolat zum Partisanenkampf, Artikel und Proklamationen, Rowohlt, Hamburg 1969 (vergriffen)
Camilo Torres, Revolution als Aufgabe des Christen, Matthias-Grünewald, Mainz 1990
Walter Jo Broderick, Camilo Torres, A Biography of the Priest-Guerillero, Garden City, New York 1975
Germán Guzmán, Camilo Torres, Persönlichkeit und Entscheidung, Union, Berlin/DDR 1968 (vergriffen)
Elena Hochmann/Heinz Rudolf Sonntag, Christentum und politische Praxis: Camilo Torres, Suhrkamp, Frankfurt/Main 1969 (vergriffen)
Hildegard Lüning, Camilo Torres, Priester, Guerillero, Furche, Hamburg 1969 (vergriffen)

Informationen zu Geschichte und Gegenwart Kolumbiens
Heinz Mayer, Kolumbien: Der schmutzige Krieg, Zwischen Kaffeebaronen und Drogenmafia – ein Land im Ausnahmezustand, Rowohlt, Hamburg 1990
Klaus Meschkat/Petra Rohde/Barbara Töpper, Kolumbien, Geschichte und Gegenwart eines Landes im Ausnahmezustand, Wagenbach, Berlin 1980
Jenny Pearce, Kolumbien – Im Innern des Labyrinths, Schmetterling, Stuttgart 1992
Alonso Salazar, Totgeboren in Medellín, Peter Hammer, Wuppertal 1991

Bücher zur Situation in Lateinamerika
Ulrich Duchrow/Gert Eisenbürger/Jochen Hippler (Hg.), Totaler Krieg gegen die Armen, Geheime Strategiepapiere der amerikanischen Militärs, Christian Kaiser, München 1989
Eduardo Galeano, Die offenen Adern Lateinamerikas, Die Geschichte eines Kontinents von der Entdeckung bis zur Gegenwart, Peter Hammer, Wuppertal 1980
Frank Niess, Am Anfang war Kolumbus, Geschichte einer Unterentwicklung – Lateinamerika 1492 bis heute, Piper, München 1991
Frank Niess, Der Koloß im Norden, Geschichte der Lateinamerikapolitik der USA, Pahl Rugenstein, Köln 1984
Rolf Pflücke, Das verlorene Jahrhundert, Südamerika zwischen Krise und Reform, Edition Erdmann, Stuttgart 1990

Kirche und Gesellschaft in Lateinamerika
William Agudelo, Unser Lager bei den Blumen auf dem Felde, Ein lateinamerikanisches Tagebuch, Gütersloher Verlagshaus Gerd Mohn (GTB), Gütersloh 1978
Norbert Arntz (Hg.), Retten, was zu retten ist? Edition Exodus, Luzern 1993
Frei Betto, Nachtgespräche mit Fidel, Edition Exodus, Freiburg/Schweiz 1986
Tomás Borge Martinez, Die Revolution kämpft gegen die Theologie des Todes, Edition Exodus/Edition liberacion, Freiburg/Schweiz, Münster 1984
Ernesto Cardenal, Das Evangelium der Bauern von Solentiname, Band 1 und 2, GTB, Gütersloh 1976
Ernesto Cardenal, Das Buch von der Liebe, Lateinamerikanische Psalmen, GTB, Gütersloh 1976
Thomas Eggensperger/Ulrich Engel, Bartolomé de las Casas, Dominikaner – Bischof – Verteidiger der Indios, TOPOS-Taschenbücher, Mainz 1991
Enrique Rosner, Missionare und Musketen, Fünfhundert Jahre lateinamerikanische Passion, Josef Knecht, Frankfurt/Main 1992
Dorothee Sölle, Gott im Müll, Die andere Entdeckung Lateinamerikas, Deutscher Taschenbuch Verlag, München 1992

Bildnachweis

Wir danken Marguerite Olivieri-Maldonado, Versailles, für die freundliche Genehmigung zum Abdruck der Fotos.

Danksagung

Ich danke Dr. Rita Nelles, Heidelberg, die bei allen Gesprächen in Kolumbien als Übersetzerin dabei war.

Renate Wind
Dem Rad in die Speichen fallen
Die Lebensgeschichte des Dietrich Bonhoeffer
240 Seiten, Pappband mit Schutzumschlag (80824),
Broschur (80694), mit Fotos
Evangelischer Buchpreis
Auswahlliste Deutscher Jugendliteraturpreis

Die engagierte Schilderung eines intensiven Lebens, ein Zeitbild vom ausgehenden Kaiserreich bis 1945 und eine kritische Darstellung der evangelischen Kirche im Nationalsozialismus – die Lebensgeschichte von Dietrich Bonhoeffer ist vom Zeitgeschehen nicht zu trennen. Mit der Unbedingtheit, die seinem Wesen entsprach, suchte Bonhoeffer nach seinem Platz in der Welt. Die Beschäftigung mit der Bibel und sein Interesse an Menschen trieben ihn vorwärts, ließen ihn immer wieder Grenzen überschreiten: konfessionelle, nationale, soziale. Christsein bedeutete für ihn gesellschaftliche Parteinahme und politischer Widerstand. Diese Auffassung propagierte Bonhoeffer nicht nur, er lebte sie auch und schloß sich dem Widerstand an. Im April 1943 wurde er von der Gestapo verhaftet, nach zweijähriger Haft im Alter von 39 Jahren im KZ Flossenbürg umgebracht.

»Wie aus einem Guß und für erwachsene und jugendliche ›Laien‹ nachvollziehbar zeichnet die Theologin und Pädagogin Renate Wind Dietrich Bonhoeffers persönliche, theologische und politische Entwicklung ... Gelungen ist ihr damit zweierlei: die lebendige Biographie eines außergewöhnlichen Menschen und der engagierte Appell, auch das Christsein in heutiger Zeit neu zu bestimmen.«
Jury-Begründung zum Evangelischen Buchpreis

»Renate Wind hat nicht die Geschichte eines Helden oder Märtyrers erzählt, was naheliegend gewesen wäre, vielmehr hat sie sehr eindrucksvoll die Zerrissenheit eines Gläubigen beschrieben, der in einer Zeit der Rechtlosigkeit und ungeheuren Verbrechen versucht, kompromißlos zu leben und seinem Gewissen zu folgen.«
Maria Frisé, Frankfurter Allgemeine Zeitung

Beltz & Gelberg
Beltz Verlag, Postfach 10 01 54, 69441 Weinheim

Biographien

Heike Brandt
»Die Menschenrechte haben kein Geschlecht«
Die Lebensgeschichte der Hedwig Dohm
128 Seiten mit Fotos   (80688)
Auswahlliste Deutscher Jugendliteraturpreis

Irmela Brender
Vor allem die Freiheit
Die Lebensgeschichte der George Sand
112 Seiten mit Abbildungen   (80670)

Lottemi Doormann
»Ein Feuer brennt in mir«
Die Lebensgeschichte der Olympe de Gouges
176 Seiten mit Abbildungen   (80725)

Heiner Feldhoff
Paris, Algier
Die Lebensgeschichte des Albert Camus
128 Seiten mit Fotos   (80698)

Heiner Feldhoff
Vom Glück des Ungehorsams
Die Lebensgeschichte des Henry David Thoreau
112 Seiten mit Fotos   (80683)

Frederik Hetmann
Bis ans Ende aller Straßen
Die Lebensgeschichte des Jack Kerouac
120 Seiten mit Fotos   (80689)

Frederik Hetmann
Drei Frauen zum Beispiel
Die Lebensgeschichte der Simone Weil, Isabel Burton
und Karoline von Günderrode
168 Seiten mit Fotos   (80692)

Biographien

Frederik Hetmann
Schlafe, meine Rose
Die Lebensgeschichte der Elisabeth Langgässer
112 Seiten mit Fotos   (80668)

Frederik Hetmann
So leicht verletzbar unser Herz
Die Lebensgeschichte der Sylvia Plath
112 Seiten mit Fotos   (80681)

Charlotte Kerner
Alle Schönheit des Himmels
Die Lebensgeschichte der Hildegard von Bingen
192 Seiten mit Abbildungen   (80726)

Charlotte Kerner
Lise, Atomphysikerin
Die Lebensgeschichte der Lise Meitner
140 Seiten mit Fotos   (80664)
Deutscher Jugendliteraturpreis

Charlotte Kerner (Hrsg.)
Nicht nur Madame Curie...
Frauen, die den Nobelpreis bekamen
336 Seiten mit Fotos   (80691)
Auswahlliste Deutscher Jugendliteraturpreis

Charlotte Kerner
Seidenraupe, Dschungelblüte
Die Lebensgeschichte der Maria Sibylla Merian
112 Seiten mit Abbildungen   (80675)
Auswahlliste Deutscher Jugendliteraturpreis

Ilse Kleberger
Der eine und der andre Traum
Die Lebensgeschichte des Heinrich Vogeler
136 Seiten mit Fotos   (80696)

Biographien

Michail Krausnick
Die eiserne Lerche
Die Lebensgeschichte des Georg Herwegh
208 Seiten mit Abbildungen (80723)
Deutscher Jugendliteraturpreis

Michail Krausnick
Hungrig!
Die Lebensgeschichte des Jack London
96 Seiten (80652)

Ernst Nöstlinger
Den Osten im Westen suchen
Die Lebensgeschichte des Christoph Kolumbus
144 Seiten mit Abbildungen (80697)

Petra Oelker
»Nichts als eine Komödiantin«
Die Lebensgeschichte der Friederike Caroline Neuber
152 Seiten mit Abbildungen (80724)

Monika Pelz
»Nicht mich will ich retten!«
Die Lebensgeschichte des Janusz Korczak
116 Seiten (80731)
Auswahlliste Deutscher Jugendliteraturpreis

Mirjam Pressler
Ich sehne mich so
Die Lebensgeschichte der Anne Frank
160 Seiten mit Fotos (80722)

Jürgen Serke
Die verbrannten Dichter
Lebensgeschichten und Dokumente
416 Seiten mit Abbildungen und Fotos (80721)

Biographien

Margret Steenfatt
Ich, Paula
Die Lebensgeschichte der Paula Modersohn-Becker
140 Seiten mit Abbildungen   (80646)

Werner Steinbeiß
Der Geschmack der Erde
Die Lebensgeschichte des Federico García Lorca
112 Seiten mit Fotos   (80674)

Renate Wind
Dem Rad in die Speichen fallen
Die Lebensgeschichte des Dietrich Bonhoeffer
160 Seiten mit Fotos   (80694)
Auswahlliste Deutscher Jugendliteraturpreis
Evangelischer Buchpreis 1993

Arnulf Zitelmann
»Ich will donnern über sie!«
Die Lebensgeschichte des Thomas Müntzer
176 Seiten mit Abbildungen   (80732)

Arnulf Zitelmann
»Keiner dreht mich um«
Die Lebensgeschichte des Martin Luther King
168 Seiten   (80657)
Auswahlliste Deutscher Jugendliteraturpreis

Arnulf Zitelmann
»Widerrufen kann ich nicht«
Die Lebensgeschichte des Martin Luther
144 Seiten   (80643)

Beltz & Gelberg
Beltz Verlag, Postfach 10 01 54, 69441 Weinheim